Émile Verhaeren

Les Forces
tumultueuses

Sur la mer

Le vaisseau clair
Avait des mâts et des agrès si fins
Et des drapeaux si bellement incarnadins,
Qu'on eût dit un jardin
Qui s'en allait en mer.

Comme des bras de jeunes filles,
Les flots environnaient sa quille
De leurs guirlandes.

C'était par ces soirs d'or de Flandre et de Zélande,
Où les parents
Disent aux enfants
Que les Jésus vont sur la mer.

Le vaisseau clair
S'en fut en leur rencontre,
Cherchant ce coin de ciel vermeil,
Où l'étoile
Qui conduisit par de beaux paysages,
À Bethléem, les bons rois mages,
Se montre.

Le vaisseau clair roula le jour, tangua la nuit,
Cingla vers des golfes et vers des îles
Vêtus de lune aimante ou de soleil docile.

Il rencontra le vent fortuit
Et les oiseaux de l'aventure
Qui s'en venaient se reposer,
Ailes closes, sur la mâture ;
Un air de baume et de baisers
Coulait sur les miroirs mobiles
Que les vagues dressaient et renversaient,

Tandis que le sillage, en son éclair, cassait
Les écumes d'argent et leurs prismes fragiles.

Le vaisseau clair roula le jour, tangua la nuit ;
Il fit, parmi les caps et les îles tranquilles,
Un beau voyage puéril,
Mais les Jésus ne se rencontraient pas,
Nulle lueur sur l'eau ne décelait leurs pas,
Comme jadis, aux temps sereins des Évangiles.

Le vaisseau clair revint, un soir de bruit
Et de fête, vers le rivage,
D'où son élan était parti ;
Certes, les mâts dardaient toujours leur âme,
Certes, le foc portait encor des oriflammes,
Mais les marins étaient découronnés
De confiance et les haubans et les cordages
Ne vibraient plus, comme des lyres sauvages.

Le navire rentra comme un jardin fané,
Drapeaux éteints, espoirs minés,
Avec l'effroi de n'oser dire à ceux du port
Qu'il avait entendu, là-bas, de plage en plage,
Les flots crier sur les rivages
Que Pan et que Jésus, tous deux, étaient des morts.

Mais ses mousses dont l'âme était restée
Aussi fervente et indomptée
Que leur navire à son départ,
L'amarrèrent près du rempart ;
Et dès la nuit venue, avec des cris de fête,
Ils s'en furent dans la tempête,
Tout en sachant que l'orage géant
Les pousserait vers d'autres océans

Sans cesse en proie à des rages altières,
Et qu'il faudrait quand même, encor,
Toujours, en rapporter des désirs d'or
Et des victoires de lumière.

Dites, se plonger à s'y perdre, dans ta vie contradictoire – mais enivrante !
Vivre, c'est prendre et donner avec liesse.

Mais les plus exaltés se dirent dans leur cœur :
« Partons quand même, avec notre âme inassouvie,
Puisque la force et que la vie
Sont au-delà des vérités et des erreurs. »

Toute la vie est dans l'essor.

L'art

D'un bond,
Son pied cassant le sol profond,
Sa double aile dans la lumière,
Le cou tendu, le feu sous les paupières,
Partit, vers le soleil et vers l'extase,
Ce dévoreur d'espace et de splendeur, Pégase !

Molles, des danses
Alanguissaient leur grâce et leur cadence
Au vert sommet des collines, là-bas.
C'étaient les Muses d'or ; leurs pas
S'entrecroisaient comme des fleurs mêlées,
L'amour, auprès d'elles, dormait sous un laurier,
Et les ombres du feuillage guerrier
Tombaient sur l'arc et sur les flèches étoilées.

L'Olympe et l'Hélicon brillaient dans l'air ;
Sur les versants, d'où les sources s'épanchent,
Des temples purs, ainsi que des couronnes blanches,
Illuminaient de souvenirs les vallons clairs.
La Grèce, avec ses Parthénons de marbre
Et ses gestes de Dieux qui agitaient les arbres
À Dodone, la Grèce entière, avec ses monts
Et ses villes dont la lyre berçait les noms,
Apparaissait, sous le galop du fol cheval,
Comme une arène familière
À son essor quotidien dans la lumière.

Mais tout à coup, plus loin que le pays natal,
Un jour, il vit, du fond des passés morues,
Surgir, serrant un disque entre ses cornes,
L'inépuisable et lourde et maternelle Isis.
Et ce fut l'art de Thèbes ou de Memphis

Taillant Hator, la blanche, en de roses pylônes,
Et ce fut Our et Babylone
Et leurs jardins pendus à quels clous d'astre d'or ?
Et puis Ninive et Tyr, et les décors
De l'Inde antique et les palais et les pagodes,
Sous la moiteur des saisons chaudes,
Tordant leur faîte, ainsi que des brasiers sculptés.

Et même au loin, ce fut cet Orient monté
En kiosques d'émail, en terrasses d'ivoire,
Où des sages et les sennins notoires
Miraient dans l'eau belle, mais transitoire,
Leurs visages de jouets ;
Et doucement, riaient à leur reflet,
Des gestes vains que dans la vie, ils avaient faits.

Et de cet inconnu vaste, montaient des Odes,
Suivant des jeux, suivant des modes,
Que Pégase scandait de son pas affermi ;
On eût dit qu'en ses hymnes anciens
Son chant quotidien
Avait longtemps dormi,
Avant de s'éveiller aux musiques sublimes
Qu'il propageait, de cime en cime,
À travers l'infini.

Sur ce monde d'émail, de bronze et de granit,
Passaient aussi des poètes lucides ;
Ils dévastaient la mort nocturne ainsi qu'Alcide ;
Leurs poèmes sacrés, qui résumaient les lois,
Serraient en textes d'or la volonté des rois ;
Leur front buttait contre la force inassouvie ;
Leur âme intense et douce avait prévu la vie
Et l'épandait déjà comme un beau rêve clair,
Sur le sommeil d'enfant que dormait l'univers.

Le cheval fou qu'aucun bond d'audace
Ne lasse,

D'un plus géant coup d'aile encor, grandit son vol
Et s'exalta, plus haut encor, parmi l'espace.

Alors, une autre mer, un autre sol,
À sa gauche, s'illimitèrent,
Et ce fut l'occident, et ce fut l'avenir
Dont la grandeur allait se définir
Qui s'éclairèrent.

Là-bas, en des plaines de brume et de rosée,
En des régions d'eaux, de montagnes, de bob,
Apparaissaient des temples blancs, d'où l'or des croix
Dardait une clarté nouvelle et baptisée.

Chaque ville se dessinait comme un bercail,
Où le troupeau des toits massait ses toisons rouges ;
De merveilleux palais y dominaient les bouges ;
Une abside s'y déployait comme un camail ;
Des jardins d'or y sommeillaient sous de grands arbres ;
Des rivières y sillonnaient des quais de marbre ;
Des pas massifs et réguliers de soldats roux
Couraient au loin, sous un envol de drapeaux fous ;
Sur des tertres, montaient de hauts laboratoires ;
Des usines brûlaient les vents, avec leurs feux,
Et tout cela priait, frappait, mordait les cieux,
Avec un élan tel, que souriait la gloire.

Et c'était Rome, et puis Florence et puis Paris,
Et puis Londres et puis, au loin, les Amériques ;
C'était le travail fou et ses fièvres lyriques
Et sa lueur énorme à travers les esprits.
Le globe était conquis. On savait l'étendue.
Des feux pareils aux feux des étoiles, là-haut,
Faisaient des gestes d'or : on eût dit des flambeaux
Fixés pour ramoner la pensée éperdue ;
Comme autrefois, les poètes fervents et clairs
Passaient pareils aux dieux, dans l'étendue ardente,
Ils grandissaient leur siècle – Hugo, Shakespeare, Dante –
Et dédiaient leur vie au cœur de l'univers.

Et Pégase sentit ces visions nouvelles
Si largement éblouir ses prunelles
Qu'il fut comme inondé d'orgueil et de lumière,
Et que, les dents sans frein, le col sans rênes,
Il délaissa soudain sa route coutumière.

Et désormais, le monde entier fut son arène.

L'amour

Vénus,
La joie est morte au jardin de ton corps
Et les grands lys des bras et les glaïeuls des lèvres
Et les raisins de fièvre et d'or,
Sur l'espalier géant que fut ton corps,
Sont morts.

Les Cormorans des temps d'Octobre ont laissé choir
Plume à plume, leur deuil, au jardin de tes charmes ;
Mélancoliques, les soirs
Ont laissé choir
Leur deuil, sur tes flambeaux et sur tes armes.

Hélas ! tant d'échos morts et mortes tant de voix !
Au loin, là-bas, sur l'horizon de cendre rouge,
Un Christ élève au ciel ses bras en croix ;
Miserere par les grands soirs et les grands bois !

Vénus,
Sois doucement l'ensevelie,
Dans la douceur et la mélancolie
Et dans la mort du jardin clair ;
Mais que dans l'air
Persiste à s'élargir l'odeur immense de ta chair.

Tes yeux étaient dardés, comme des feux d'ardeur,
Vers les étoiles éternelles ;
Et les flammes de tes prunelles
Définissaient l'éternité, par leur splendeur.

Tes mains douces, comme du miel vermeil,
Cueillaient, divinement, sur les branches de l'heure,

Les fruits de la jeunesse à son éveil ;
Ta chevelure était un buisson de soleil ;

Ton torse, avec ses feux de clartés rondes,
Semblait un firmament d'astres puissants et lourds ;
Et quand tes bras serraient, contre ton cœur, l'Amour,
Le rythme de tes seins rythmait l'amour du monde.

Sur l'or des mors, tu te dressais, tel un flambeau.
Tu te donnais à tous comme la terre,
Avec ses fleurs, ses lacs, ses monts, ses renouveaux
Et ses tombeaux.

Mais aujourd'hui que sont venus
D'autres désirs de l'Inconnu,
Sois doucement, Vénus, la triste et la perdue,
Au jardin mort, parmi les bois et les parfums,
Avec, sur ton sommeil, la douceur suspendue
D'une rose, d'automne et d'ouragan, tordue.

II

Habille-toi de lin, Vénus, voici le Christ.
Deviens la Madeleine, et laisse en toi descendre,
Mélancoliquement, sa grâce et son esprit.
Humble, ternis tes pieds dans de la cendre ;
Et que tes larges seins immortellement d'or
Et que tes yeux, miroirs de soleil et de fête,
Tes jeux, malgré mille ans d'amour, ardents encor,
Meurent sous les cheveux qui pleurent de ta tête.
La terre exténuée a bu le sang des soirs
Et la détresse crie, aux quatre coins du monde,
Vers le calvaire et vers sa croix de gestes noirs.

Habille-toi de lin et de bonté profonde.
Voici venir le Dieu de la douceur unique,
Voici sa face et le voile que Véronique
T'apporte avec les clous, le suaire et la lance.

Voici l'heure nouvelle et douce du silence ;
Pour la première fois, avec ferveur,
L'homme s'en vient baiser les yeux de sa douleur !
Vénus, voici le sang, voici la lie,
Dans le calice ardent des chrétiennes folies ;
Voici le cœur torride et blanc du bien-aimé ;
Buissons de feu ! brasiers d'extase !
Pâles ciboires d'or où se transvase,
À l'infini, l'amour immense et affamé !

Brûlures d'âme, au fond de la chair folle !
L'être total, ravagé en aimant,
Sans néanmoins savoir comment
Trouver, pour se donner, la suprême parole !

Sourires clairs en des larmes heureuses !
Bonnes douleurs et tendresses peureuses !
Balbutiements familiers et pieux !
Et tout à coup, ce don de prophétie

Quand l'âme, en un moment, se change en dieu,
Comme l'hostie !

Habille-toi de lin, Vénus, voici le Christ,
Voici ses longues mains impératives
Voici les crins, les clous, les pierres,
Pour y meurtrir et y rouler ta chair ;
Voici l'ivresse et la souffrance alternatives,
Voici les couvents blancs et leurs linceuls de murs
Immensément dressés par la mort allouvie,
Autour des cris et des désirs qui sont la vie ;
Voici la mort muette en des supplices sûrs,
La nuit, sous l'effroi roux d'une lune qui hait ;
Vénus ! voici ton corps et ses bouches de plaies
Qui s'affolent et s'assoiffent de tout l'amour !

Habille-toi de lin, et traîne jusqu'au bout,
Ta sublime douleur d'aimer, à travers tout ;
Bien que déjà naisse le jour
Et que l'étoile soit éteinte
Qui s'arrêta jadis sur Bethléem, la Sainte.

III

Vêts-toi de sang, Vénus, voici quatre-vingt-treize :
Une fuite de rois, sous un couchant de braise,
Et l'échafaud ancré,
Vaisseau rouge, en des marées
De poings houleux et de luttes exaspérées ?

Deviens la Théroigne âpre et tragique,
Dressée au clair des révoltes logiques,
Comme tu fus la sainte et l'amoureuse.
Plus haute encor, ton âme aventureuse,
Avec douceur, jadis, avec rage, aujourd'hui,
Se donne à tous ; tu es, selon le temps, ce cri
D'amour, de charité, ou de justice
Qui part pour l'infini,
À travers joie ou pleurs, à travers sang ou lie,
Le cri toujours jeté, toujours brandi,
Par la fièvre et la folie
Violentes du sacrifice.

La ville est en colère et en tempête,
Toute la haine illumine sa tête,
Des volontés d'éclair passent dans les cerveaux,
Des bras soudains dont les rages fécondent Apparaissent,
    pesants de force et de marteaux.
On ne sait quel tonnerre autour des peuples gronde
Et leur donne sa voix et les arme de feux ;
Des fronts dressent leur mur contre l'orgueil des dieux,
Ils entendent, au-delà de l'heure, l'appel
De ceux qui connaîtront un temps plus mutuel,
Quand les sceptres seront comme des tiges
D'où tomberont les fleurs de vice et de prestige.

Sois désormais la vie en lutte avec la mort ;
Vénus, verse ta fièvre et ta jeunesse aux foules ;
Sois ses fureurs et sois ses houles
Et sois publique et sois divine encor !

En tous ces bras armés, en ces frustes cervelles,
Le sang du vieux destin monte et se renouvelle.

L'heure est de meurtre et de sang lourde,
On tue au nom de l'avenir sacré, des voix sourdes,
Des voix âpres, des voix folles se fondent,
Autour du berceau rouge, où balbutie un monde.

Vénus, recueille en toi cette ivresse angoissée ;
Que du fond de ta chair et de ton cœur
L'amour afflue et règne enfin dans ta pensée,
Aime l'humanité qui est l'âme meilleure
En tourmente et en vertige vers le bonheur ;
Livre et prodigue-toi à tous ceux qui t'appellent,
Non plus parmi les dieux, ni à genoux,
Devant les Christs – mais debout, parmi nous,
Et simplement humaine et maternelle.

Les maîtres

Le moine

Au temps des croix au clair et des crosses debout
De l'un à l'autre bout
Des mers et des terres occidentales,
Bulles, arrêts, dogmes et décrétales
Régnaient sur la pensée et maintenaient la peur.
Le Pape était la tour qui défiait l'erreur
Et d'où la vérité fulgurante et profonde
Descendait luire et éblouir
Le monde.

C'était ainsi. Dieu lui-même l'avait voulu.

Pourtant il arriva qu'un tel ordre absolu,
Au cours des temps fléchit sous la poussée humaine,
Et qu'un moine venu d'Espagne ou d'Aquitaine
Ou de Toscane ou de Bourgogne ou du Vexin,
Prit quelquefois le souverain pouvoir en main
Et s'entourant d'enthousiasme ou de mystère
Domptât l'église, avec le geste du Saint-Père.

Le pape avait la tiare ; il relevait du sort.
Il s'imposait vêtu de la force immobile,
Mais son front vieillissait, ses mains étaient débiles,
Il n'était que gardien des trésors de la mort ;
Tandis qu'eux s'en venaient du côté de la vie,
Eux, les moines, dont la pensée était servie
Par l'étude plongeant aux feux des renouveaux ;
Leur cœur était trop clair pour n'être qu'un tombeau
Et, fièrement, dans les plis de leurs coules,
Toujours, de siècle en siècle, à travers temps
Sur ses autels, à leur Dieu pâle et haletant,
Ils apportaient les fleurs de l'âme de la foule.

14

Leurs monastères d'or illuminaient les monts
Et faisaient à l'Europe entière une couronne
De foi, d'ardeur et de science, autour du front ;
L'Èbre, l'Escaut, le Rhin, la Saône et la Garonne
Et les chemins qui s'en allaient trouer la mer
Et les routes des bois massifs et des déserts
Celles qui s'enfonçaient si loin, dans l'étendue,
Qu'on les croyait aux clous des astres suspendues,
Voyaient passer, comme un cortège de flambeaux,
De grands moines drapés de robes solennelles
Qui revêtaient le Christ de paroles nouvelles
Et retrempaient l'Église en des dogmes nouveaux.

Prêches partout. Les uns tonnaient au cœur des villes,
À Pentecôte, à la Toussaint, à la Noël ;
D'autres parlaient, devant les gens des bourgs serviles ;
D'autres, devant les rois, et tous, devant le ciel.
Ce qu'ils disaient, c'était les futures pensées
Qui sommeillaient, au fond de ceux qui écoutaient ;
C'était la sourde ardeur des forces oppressées
Qui lentement, à fleur du sol chrétien, montaient ;
C'était la volonté qui n'osait point encor
Surgir, avec ses ors cachés, comme l'aurore ;
C'était ce qui pointait dans cet espoir : demain !
C'était la conscience apeurée et tremblante
Qui s'étirait, pour se mouvoir, énorme et lente ;
C'était tout l'homme et sa victoire humaine, enfin !

Ils se levaient, parmi les prêtres des conciles,
Puissants, avec, entre leurs mains, des lys sculptés
Dans le gel dur et la splendeur des vérités,
Ils condamnaient d'un mot les doctrines faciles,
Les textes vieux et nuls, les axiomes, la mort ;
Ils redressaient, d'un bond de leur âme, le sort ;
Et qu'ils fussent soumis de geste et de parole,
Tels saint Thomas, saint Dominique ou saint Bernard,
Ou révoltés, tels Huss, Luther, Savonarole,

15

Aucun n'abandonnait devant l'effroi, la part
De renaissante ardeur et de clarté fougueuse
Qu'ils destinaient au monde et prétendaient darder.

Et sous les éclairs d'or de leur âme orageuse
On traversait les horizons déjà sondés
Et l'on allait plus loin et plus haut que la vie.
Seule au départ, leur marche était bientôt suivie,
Vers n'importe où, par les foules et par les rois ;
Ils replantaient, sur des sommets plus purs, la croix,
Y suspendaient les cœurs chrétiens comme des grappes
Et, plus rouge d'amour, ils la montraient aux papes.

Ainsi s'affirmaient-ils hardis, puissants et beaux ;
Et Rome étant un sol de cendre et de tombeaux,
Eux les moines, les seuls et vrais maîtres du monde,
Galvanisaient la mort et la rendaient féconde.

Le capitaine

Son âme était orgueil et volonté, sa face
Se tempérait de calme et s'éclairait d'audace,
Sa nation suivait de loin, en ses bonds fous,
Le mors-aux-dents de sa gloire rouge, partout !
Les tourbillons de sang et d'or de ses conquêtes
Éblouissaient les yeux, hallucinaient les têtes,
Tous se sentaient, par son âme, victorieux ;
Et les mères, avec des pleurs au fond des yeux,
Lui dédiaient quand même, aux jours de ses batailles,
Autant d'enfants qu'il lui fallait pour les mitrailles.

Soldats rangés comme un rempart hérissé d'or,
Plaines dont les moissons vastes sont dispersées,
Carrés d'acier bougeant, buissons de fer, ressorts
De rage et de fureur tendus vers les poussées
Formidables et, tout là-haut, parmi les monts,
La gueule ouverte et la terreur de ses canons.

Un ordre ! Et désormais, – lui seul – il est la foule.
Il la projette, il la refoule,
Il est son âme énorme et violente, il vient
Et passe, il la soulève ou la contient
Au geste lent de sa main large.
Soudain résonne au loin le galop fou des charges :
Clairons brandis, casques en feu, chevaux hagards,
Gestes crispés autour des mâts des étendards,
Clameurs passant, ainsi que des volées,
Chocs assourdis, profonds et réguliers,
Et tout à coup, l'arrêt dans les gosiers
Des cris – et les étouffements de la mêlée.

Il regarde : ses yeux brillent, son torse bat.
Son plan, il l'improvise en plein combat,
Déjà, certaine et précisée
La victoire se définit dans sa pensée ;
L'ennemi même est entraîné dans le remous

De ses desseins brusques et fous,
Les feux tonnent, la plaine est foudre et fumée,
Il distingue, là-bas, le heurt des deux armées
Et le coup net qu'il faut, sans hésiter,
Porter.

Ô le superbe et triomphant batteur de gloire
Qui forge, en un tumulte d'or, l'histoire ;
Il est l'angoisse, il est la vie, il est la mort,
Il dévaste, avec des mains rouges, les nuits du sort ;
Si les poisons des tyrannies
Doivent mûrir, à la treille de son génie,
Qu'importe ! – il rayonne ; le seuil
De son âme tragique est solennel d'orgueil ;
Tous croient en lui et tous vénèrent
Le sang dont son grand geste éclabousse la terre.

Plaines vastes ! vos floraisons de meurtre où luit
La mort, vos blessures, vos bras sans corps, vos torses
Déchiquetés et crus d'où s'écoulent les forces,
Apparaissent, ainsi que sa moisson à lui.
Toujours, par un mot bref, simple et lucide
Chaque bataille, il la décide ;
Ceux qu'il rencontre, il les appelle : ses vaincus.
Ils se perdent dans l'œuvre ardent qu'il a conçu,
Ils hésitent, et voici qu'il les voit

Rompre, la peur aux reins, leurs bataillons pantois.
Leur confiance, en un instant, se désagrège ;
Tout leur paraît erreur, surprise, astuce et piège ;
Des cris de lâcheté partent on ne sait d'où ;
Et l'on n'entend plus rien, dans le soir fou,
Que des plaintes, des pleurs, et des rages crispées
Et la fuite, sous les épées.

Aussi s'érige-t-il dans l'amour et l'effroi.
Perdre, servir, créer ou détrôner les rois
Sera son rôle, à moins qu'il ne soit roi lui-même.

Son front sacré par tous peut dédaigner le chrême
Et les prêtres mitrés et les autels vermeils,
Toute sa vie enveloppe de son mystère
La terre
Ainsi que le soleil ;
Le monde meurt, et puis renaît, sur son passage ;
Comme Civa, il renouvelle en détruisant ;
Et son ombre descend les escaliers des âges,
Foulant aux pieds des fleurs et des caillots de sang.

Le tribun

Et tel que ces arbres cernés de rude écorce,
Qu'on maintenait, jadis, au cœur des vieux quartiers,
Debout – il apparaît têtu, puissant, altier,
Serrant en lui, dites, quels nœuds de force ?

Enfant, il a grandi sur le trottoir des villes
En un faubourg lépreux, livide et convulsé,
Où des hommes rageaient de se sentir serviles
Toujours et prisonniers des vieux passés.

Torses vaincus, fronts écrasés et lamentables,
Sourdes fureurs, gains minimes, travail tuant ;
Et la misère avide et creuse, au coin des tables,
Et ça, depuis toujours jusques à quand ?

Ô son bondissement, soudain, dans les mêlées,
Quand le peuple marchait vers les façades d'or,
Avec ses poings, enfin dressés, contre le sort,
Et que les coups pleuvaient et que les pierres
Aux colères mêlées,
Cassant les hauts carreaux pleins de lumières
Semblaient broyer et disperser, sur le pavé,
De l'or !

Et son verbe rouge et levé,
Comme un faisceau hargneux de pointes
Férocement disjointes ;
Et sa colère et sa folie et son amour
Roulant ensemble et s'exaltant, autour
De chacune de ses idées ;
Et sa raison violente et dardée
Faite de passion et de bouillonnement
Et son geste d'orage et de grand vent
Qui projetait son rêve, ainsi qu'une semence,
Ardente et rouge, en des milliers de fronts vivants !

Depuis il fut le roi des superbes démences,
Il est monté et monte encor, sait-il jusqu'où ?

Son pouvoir neuf, son pouvoir fou,
Il ne sait plus où il commence.
Il monte – et l'on croirait que le monde l'attend,
Si large est la clameur des cœurs battant
À l'unisson de ses paroles souveraines.
Il est effroi, danger, affre, fureur et haine ;
Il est ordre, silence, amour et volonté ;
Il scelle en lui toutes les violences lyriques,
Où se trempe l'orgueil des hommes historiques
Dont l'œuvre est faite, avec du sang d'éternité.

Et le voici debout au carrefour du monde,
Où les vieux chemins d'hier croisent les grands chemins,
Par où s'avanceront ceux qui viendront demain
Vers on ne sait quelle aube éclatante et profonde.
Homme d'autant plus grand qu'il est de vierge instinct,
Qu'il ignore l'éclair dont le destin,
Sans l'exalter d'abord, met en ses mains la foudre ;
Qu'il est l'énigme en feu que nul ne peut résoudre
Et qu'il reste planté, du front jusques aux pieds,
En plein peuple, pour s'en nourrir – ou en mourir,
Un jour, tenace et tout entier !

Et qu'importe qu'après son œuvre faite,
Il disparaisse, un soir de deuil, un soir de fête,
Honni ou exalté par ceux qu'il a servis.
Le temps marche et l'heure est à quelque autre ;
Les plus jeunes n'ont point suivi,
Jusques au bout, sa voix ou son geste d'apôtre ;
Il s'efface – mais ce sera pour revenir,
Son âme était trop loin dans l'avenir
Et ses mers d'or, cabrée,
Pour avoir peur des tombantes marées
Qui succèdent toujours aux flux géants ;
Sa force, elle est là-bas, lueur sur l'Océan,
Elle est pleine d'étincelles nouvelles,
Les vérités qu'il suscita de sa cervelle

Se sont faites moelles, muscles et chair ;
Il a tordu la vie entière en son éclair
Et désormais elle est ployée, elle est creusée,
Telle que seul d'abord il l'a pensée.

Le banquier

Sur une table chargée, où les liasses abondent,
Serré dans un fauteuil étroit, morne et branlant,
Il griffonne menu, au long d'un papier blanc ;
Mais sa pensée elle est, là-bas, au bout du monde.

Le Cap, Java, Ceylan vivent devant ses yeux
Et l'océan d'Asie, où ses mille navires
À l'Est, à l'Ouest, au Sud, au Nord, cinglent et virent
Et, les voiles au clair, rentrent en des ports bleus.

Et les gares qu'il édifie et les rails rouges
Qu'il tord en ses forges et qu'il destine au loin
À des pays d'ébène et d'ambre et de benjoin,
À des déserts, où seul encor le soleil bouge ;

Et ses sources de naphte et ses mines de fer
Et le tumulte fou de ses banques sonores
Qui grise, enfièvre, exalte, halluciné, dévore
Et dont le bruit s'épand au-delà de la mer ;

Et les peuples dont les sénats sont ses garants ;
Et ceux dont il pourrait briser les lois futiles,
Si la débâcle ou la révolte étaient utiles,
À la marche sans fin de ses projets errants ;

Et les guerres vastes dont il serait lui-même
– Meurtres, rages et désespoirs – le seul vrai roi
Qui rongerait, avec les dents des chiffres froids,
Les nœuds tachés de sang des plus ardents problèmes ;

Si bien qu'en son fauteuil usé, morne et branlant,
Quand il griffonne, à menus traits, sur son registre,
Il lie à son vouloir bourgeois le sort sinistre
Et domine le monde, où corne l'effroi blanc.

Oh l'or ! son or qu'il sème au loin, qu'il multiplie,
Là-bas, dans les villes de la folie,
Là-bas, dans les hameaux calmes et doux,
Dans l'air et la lumière et la splendeur, partout !

Son or ailé qui s'enivre d'espace,
Son or plânant, son or rapace,
Son or vivant,
Son or dont s'éclairent et rayonnent les vents,
Son or que boit la terre,
Par les pores de sa misère,
Son or ardent, son or furtif, son or retors,
Morceau d'espoir et de soleil – son or !

Il ignore ce qu'il possède
Et si son morceau d'or excède,
Par sa hauteur, les tours et les beffrois ;
Il l'aime avec prudence, avec sang-froid,
Avec la joie âpre et profonde
D'avoir à soi, comme trésor et comme bien,
Sous la garde des cieux quotidiens,
Le bloc même du monde.

Et les foules le méprisent, mais sont à lui.
Toutes l'envient : l'or le grandit.
L'universel désir et ses milliers de flammes
Brûlent leur âme autant qu'il ravage son âme ;
Il est celui qui divise le pain
Miraculeux du gain,
S'il les trompe, qu'importe
Chacun revient, après avoir quitté sa porte.
Avec de grands remous
Sa force roule en torrent fou
Et bouillonne et bondit et puis entraîne
– Feuilles, rameaux, cailloux et graines –
Les fortunes, les épargnes et les avoirs
Et jusqu'aux moindres sous que recomptent, le soir,
À la lueur de leur lanterne,
Les gens de ferme.

Ainsi, domptant les rois et les peuples et ceux
Dont la puissance pauvre, en ses coffres, expire,
Du fond de son fauteuil usé, morne et boiteux,
Il définit le sort des mers et des empires.

Le tyran

Maître de tous par son âme, le tyran clair,
En un site de fête où l'ombre et le soleil
Versent la pourpre et l'or, comme un double conseil,
Sur les choses du monde, écoute arder dans l'air

Les cris, les vœux, les hurrahs fous et les délires
Que, sans un mot, ni sans même un geste, dispense
À tous, son immobile et suprême présence.
Il a maté les rois et vaincu les empires,

Il a cassé les dents au peuple et maintenant
Qu'il vit unique en la splendeur blanche, son cœur
D'être à tel point désert et solitaire, a peur.
Les feux ne sont point seuls, là-haut, au firmament.

Hommes, femmes, amis, enfants, dès qu'il les aime
Malgré sa volonté, lui deviennent esclaves ;
Il pétrifie en eux l'amour, comme les laves
D'un mont torride et fou brûlent un pays blême.

Il est monté si haut que nul ne l'a suivi.
En vain, il cherche un Dieu : son cœur ne le sent pas,
Sa volonté s'égare – et son désir est las
Et son orgueil est fatigué d'être assouvi.

Lui-même est devenu son négateur. Sa flamme
Sombre brûle le bloc en or de sa puissance,
Grâce à cette âcre et trépidante jouissance,
Qu'il goûte à blasphémer ce que le monde acclame.

Il vit pourtant sans rien montrer de son effroi ;
Muet comme un palais gardé par des soldats,
Où seul s'entend toujours, veillant et lourd, le pas
De celui-là dont le pennon claque au beffroi.

Il reste à tous sacré. Une force divine
Semble muscler de bonheur vierge et clair, sa force ;
Il est tragique et clos comme l'arbre sous l'écorce
Et rien ne s'aperçoit et rien ne se devine.

25

Mais la clarté du ciel sait bien qu'il est allé
Souvent, loin des cités, en plein pays de bois,
Près d'un marais mortel couleur d'encre et de poix,
Dont le sol noir de moisissure est tavelé,

Chérir éperdument la vie orde et bannie,
La vie humble et proscrite, en des exils si tristes,
Que seuls, le houx, l'ortie et les ronces persistent
À croître, en de tels lieux de lèpre et de sanie.

Qu'il y vécut d'une existence ardente, seul ;
Le cœur penché vers l'ombre et la pitié, le cœur
Fervent, le cœur enfin sauvé par la douceur
D'avoir à soi ces fleurs de mort et de linceul,

De les aimer et de se croire aimé par elles ;
Avec leurs dents, leurs dards et leur fureur tactile,
De les serrer sur soi comme un cilice hostile,
Dont on savoure enfin les morsures cruelles,

Si bien qu'en ce jour même, où l'ombre et le soleil
Versent la pourpre et l'or sur la ville qui luit
Et la fête qui chante et qui gonfle son bruit,
S'il rayonne, le torse droit, le front vermeil,

C'est que son corps est assailli de baisers rouges
Qui, dans l'abaissement de tous devant sa face,
Le font aimer, brûler, souffrir et crier grâce
Au torturant contact des épines qui bougent.

Les femmes

L'éternelle

– Avec quelles antithèses es-tu formée
Femme de passion ardente et affamée ?

Ta voix s'exalte et tes grands yeux qui leurrent
Jamais ne pleurent ;
Et néanmoins tu m'apparais
Tragique et vraie,
Et si belle, parfois, de large espoir ;
Et les désirs dont tu t'allèges
Quand nous parlons de nous-mêmes, le soir,
Sont clairs, fougueux, soudains, mais sont étranges,
Comme un panier d'oranges
Vidé soudain, sur de la neige.
Et tes regards mentent et sont charmants

Et des projets de fuite ou de meurtre rapides
Tentent mon cœur fol ou stupide !
Je te quitte ; je te reviens ;
Tes paroles changent le mal en bien ;
Tu t'expliques et je me crois coupable.
Ô nos deux cœurs blessés, nos âmes lamentables,
Et tant de cris, pour n'aboutir à rien !

– Prends patience, ami ! un jour, peut-être,
En m'adorant plus fort encor, tu comprendras ;
Ce que tu ne sais pas, ce que tu dois connaître,
Je te l'apporte entremêlé et trouble, entre mes bras ;
Tu hésites, à l'heure où j'exulte de vivre,
Tous les désirs divers également m'enivrent
Et je les suis, mon âme au vent, sans savoir où.

– Que n'ai-je en moi la meute en feu des désirs fous
Et leur démence au lieu des doutes et des scrupules !

Ô les raisons que mes angoisses accumulent
Et que scrutent ma peur et mon esprit tendus,
Et que je hais d'autant que je les sens meilleures !
Je veux l'éternité et je m'arrête aux heures,
Où le cœur se reprend après s'être perdu.
Je discute le sens de tes paroles rouges

Et quand ton corps houleux sous le mien bouge,
Je m'attriste déjà de mes prochains remords.
J'ai trop souffert en mon cerveau fragile,
J'ai trop voulu, j'ai trop tenté, j'ai trop pensé,
J'ai trop hâtivement versé
Les ors de mon orgueil en des vases d'argile,
Ô toi l'insouciance, ô toi qui dors en paix,
Ô toi qui dans ta chair crois enfermer le monde
Et la tempête humaine en tes cheveux épais,
Femme d'amour féroce et de force profonde
À quel breuvage enivrant et léger,
Un jour, mêleras-tu le philtre partagé ?

– Approche ami, et guéris-toi de ta cervelle !
Mon seul secret est vivre et vivre et vivre encore.
Je n'ai crainte de rien, pas même de la mort,
Puisque tu dis qu'elle est féconde et renouvelle ;
Le seul instant qui luit est mon seul désir ;
Et je l'épuise et le rejette et le dédaigne,
Pour m'en aller, sans un regret, vers l'avenir ;
Que l'aube pleure ou que le couchant saigne,
Je ne vois rien de leur douleur ;
Un méridien soleil me ravage le cœur,
Je vais éperdument du côté de la joie,

J'aime l'homme comme une proie
Et je te veux, toi, quelque autre, qu'importe,
Tous les tressauta humains heurtent ma porte,
Mais seul tu es celui qui ne seras heureux
Qu'en t'affolant dans ma folie ;
Tue, à force d'aimer mon large instinct, tes vœux,

Rince ton cœur de ses mélancolies,
Et songe à tout le temps déjà perdu !

– Dans le jardin contradictoire et rouge
De nos désirs tordus,
Où les rosiers de tes amours brûlent et bougent,
Je me veux égarer une suprême fois ;
Je renierai mes cris en écoutant ta voix,
Je ferai ma raison de tes paroles
Nettes ou folles,
Je serai serf, avec ténacité,
Et nous irons à deux, si bellement domptés
Par le vouloir d'être ivres de nous-mêmes,
Que nous oublierons tout – jusques à Dieu.
J'aurai pour flamme en ma tête, tes jeux ;
Pour sagesse ton rire ou ton blasphème,
Et pour haine, tout mon passé.
Nous dresserons nos corps ardents et enlacés,
Comme un thyrse de chair, au clair des étendues,
Les caresses, les ors, les rages éperdues
Des vents et des soleils les mordront tour à tour ;
Nous serons un désir inassouvi d'amour
D'accord avec le cœur inassouvi du monde
Et réglant notre fièvre aux battements du sien !

– Il ne faut point songer à ces choses profondes ;
Je suis d'accord avec moi-même et le sens bien
Et c'est assez : le reste est mirage et fallace.
Et je surgis devant tes pas qui passent
Et je te tends mon corps d'où t'appellent mes seins ;
Je suis belle et puissante et mes baisers sont sains,
Tu me rêves complexe, étrange, âpre et subtile,
Tu me vois à travers tes livres inutiles ;
Or, je suis simple, ami, mais tout mon être agit
Avec un tel élan soudain, qu'on obéit.
Écoute :
Il fait soleil, dans mon amour, toujours !

Tous les désirs légers ou lourds
Y retrouvent leurs routes ;
Mon corps est un pays plein de roses en sang,
Plus doux que les paradis clairs sur les versants
Des montagnes, là-bas, aux premiers temps du monde.

En baume et en parfum mes lèvres surabondent ;
Mes bras sont des tombeaux pour tes tourments ;
Mon ventre est comme un sol gonflé de sources chaudes
Et ma luxure entière est comme une ode
Chantée au rythme fou de tes tressaillements.
Prends et tais-toi : nul ne regarde ;
La nuit remplit l'immensité hagarde ;
Les astres d'or semblent s'aimer aux cieux ;
Des vents passent délicieux
Sur ma chair nue et violente ;
Toute ta vie est dans l'attente
Et tout l'amour veut t'engloutir.

– Il n'est qu'un seul remède à mon souci : partir
Vers les pays d'ardeur que tes lèvres promettent ;
Déjà se tend vers moi leur fièvre et je la bois ;
Nos ruts dévastateurs sont tels que des comètes
Qui éclairent mais qui brûlent tout à la fois.
Et quand ta chair cessera d'être nôtre,
Lorsque tu t'en iras, un jour, le corps paré,
Vers d'autres bras de volupté, j'aurai
Pour te maudire et t'oublier…

                                   – Toutes les autres !

L'amante

Mon rêve est embarqué dans une île flottante,
Les fils dorés des vents captent, en leurs réseaux
Son aventure au loin sur la mer éclatante ;
Mon rêve est embarqué, dans une île flottante,
Avec de grandes fleurs et de chantants oiseaux.

Pistils dardés ! pollens féconds ! flammes trémières !
Un rut immense et lourd semble bondir dans l'air ;
Les blancs magnolias sont des baisers faits chair
Et les senteurs des lys parfument la lumière.

Les pivoines, comme des cœurs
Rouges, brûlent dans la splendeur ;
L'air pantèle d'amour et ses souffles se nouent ;
L'ombre est chaude, comme un sein sous la joue ;
De larges gouttelettes
Choient des branches, infatigablement,
Et les roses et les iris vont se pâmant,
Sur des lits bleus de violettes.

Je me suis embarqué dans une île éclatante
De pampres verts et de raisins vermeils,
Les arbres en sont clairs et leurs branches ballantes
Semblent, de loin en loin, des drapeaux de soleil.
Le bonheur s'y respire, avec sa violence
De brusque embrasement et de torride ardeur,
Le soir, on croit y voir s'entremordre les fleurs
Et les torches des nuits enflammer le silence.

– Y viendras-tu jamais, toi, que mes vœux appellent
Du fond de l'horizon gris et pâle des mers,
Toi dont mon cœur a faim, depuis les jours amers
Et les saisons d'antan des enfances rebelles ?

Mon île est harmonique à ton efflorescence,
Où que tu sois accepte, ainsi que messagers
Partis vers ta beauté sans pair et ta puissance,
Les parfums voyageurs de ses clairs orangers.

Arrive – et nous serons les exaltés du monde,
De la terre, de la forêt et des cieux roux,
L'univers sera mien, quand j'aurai tes genoux
Et ton ventre et ton sein et la bouche profonde,
À labourer sous mon amour fécond et fou.

Je me suis embarqué, dans une île gonflée
De grands désirs pareils à des souffles venus
D'un pays jeune et ingénu ;
Un fier destin les guide et les condense, ici,
Comme un faisceau de voix, d'appels, de cris,
Au cœur des batailles et des mêlées.

Les yeux des étangs bleus et l'extase des flores
Regarderont passer notre double beauté,
Et les oiseaux, par les midis diamantés,
Scintilleront, ainsi que des joyaux sonores.

Nous foulerons des chemins frais et flamboyants,
Qu'enlacera l'écharpe d'eau des sources pures,
Un air de baume et d'or que chaque aurore épure
Assouplira nos corps en les vivifiant.

Nos cœurs tendus et forts s'exalteront ensemble
Pour plus et mieux comprendre et pour comprendre encor
Sans avoir peur jamais d'un brutal désaccord
Sur la fierté du grand amour qui nous rassemble.

Nous serons doux et fraternels, étant unis.
Tout ce qui vit nous chauffera de son mystère ;
Nous aimerons autant que nous-mêmes la terre ;
La nature et l'instinct, la mer et l'infini.

Nous nous rechercherons, comme de larges proies,
Où toute ardeur, où tout élan peut s'assouvir :
Prendre pour partager, et donner pour jouir !
Et confondre ce qui s'échange, avec la joie !

Oh ! vivre ainsi, fervents et éperdus,
Trempés de tout notre être, en les forces profondes

Afin qu'un jour nos deux esprits fondus
Sentent chanter en eux toutes les lois du monde.

L'amazone

Dans le chemin sonore et lumineux du val,
Le torse érigé droit vers la menace,
– Vertige ! – l'amazone passe ;
Et tour à tour les bonds de son cheval,
S'ouvrant ou se fermant, ramassent
Ou rejettent loin d'eux l'espace.
L'arc, la flèche, l'épieu,
N'importe quoi hérisse et fait sonner sa course ;
L'eau des étangs et les mares des sources
La voient passer, comme un faisceau d'éclairs :
Nœud de muscles, grappes de nerfs,
Galops, crinière, écume et lance au clair.

Des oiselets, pareils à des joyaux,
Voient de hêtre en chêne, et de chêne en bouleau ;
Les troncs luisent, ainsi que des écailles ;
Mille sèves, au ras du sol, travaillent ;
L'ombre est légère et le chemin vermeil
Et les buissons des fleurs et des ramures,
Autant que la guerrière et son armure
Semblent dressés, soudain, en gerbes de soleil.

Elle est joyeuse et tout son être
Vit de courage et rayonne de foi.

L'homme qui fut, depuis mille et mille ans, le maître
Et l'empereur du monde a laissé choir
Sa force et son pouvoir,
Un soir,
Et de ses mains belles et fières
La guerrière
Les relevant, les tient brandis contre la mort.

Et c'est elle qui, désormais, sera le sort.
Son front règne, ses bras fermes semblent des barres
Où se casse l'assaut des révoltes barbares ;
Son corps est souple et vit ; ses yeux

Brillent dans le tumulte en or de ses cheveux,
Pour se sentir mieux à l'aise dans la victoire,
Elle a brûlé l'un de ses seins
Et la voici surgir de l'horizon lointain,
En conquête, vers la gloire.

Or, près de l'antre où s'assombrit la blanche
Et haute et flamboyante arrogance des branches,
Les poings meurtris au flanc des rochers roux,
Le cœur vaincu et les yeux las et le courroux
Des liens serrant son col, ses seins et son front sombre,
L'humanité sanglante et tragique l'attend.

L'antre est profond, mais s'éclaire pourtant
Du vieux dragon couché, comme un éclair, dans l'ombre.

Et la guerrière se souvient
Du reptile qu'il faut tuer sans cesse
Et qui renaît et qui revient
Et dont les têtes d'or et les gueules redressent,
Comme une vigne en sang, la floraison
Violente de leurs poisons.

Elle arrive. Sitôt il érige sa force,
Tel un arbre dont la râpeuse écorce,
– Dartres, langues, suçoirs et dents –
Empeste, au loin, les soirs ardents
Et tord, vers le soleil, sa multiple épouvante.
Du sang, du fiel, du feu jaillit, soudain, dans l'air ;
Un remuement d'anneaux glauques et verts
Bande son corps dont la lèpre paraît vivante
Et lui fait une armure avec sa puanteur.
Il apparaît dardé dans toute sa hauteur
Et la Vierge qui lutte et rage se dévoue,
Ne frappe, qu'au hasard, un monument de boue.

Et l'on entend vers l'infini, les cris
De l'éternelle humanité monter

Et tous les bruits du soir se lamenter,
Comme si l'ombre et l'étendue
Répondaient, sourdement, à la plainte entendue.

Le monstre est suspendu et s'écroule, soudain…
Sans un brusque sursaut de son cheval, la main
De la guerrière et ses armes étaient broyées ;
Elle aperçoit la mort géante et déployée,
La peur est dans sa chair, mais son cœur n'en veut pas,
La fièvre emplit ses yeux et la fureur son bras
Et vers la bête immensément qui se relève,
Elle bondit, avec la rage dans son glaive.

Heurts et fracas, clameurs et chocs,
De roc en roc,
Les monts jusqu'à la mer en retentissent ;
Des coups
Lourds et puissants s'appesantissent
L'arc est vibrant, le glaive est fou ;
La guerrière, dans la tempête
De gueules et de dents qui menacent sa tête,
Paraît brandir la foudre et diriger l'éclair,
Mais peu à peu l'élan de son bras clair
Se ralentît ; elle se trouble et s'inquiète.
On la vaincra, puisqu'elle pense à sa défaite ;
Et tandis qu'une dernière fois
Son poing dresse le glaive – droit
Puis s'affaisse, les ténèbres sont survenues,
Le livide Occident décompose les nues,
Et seul s'entend encor, parmi le morne espace,
Là-bas, dans le fond de la nuit, le bruit
D'armes grandes, qui tombent, lasses.

Sous les astres, et sous l'effroi
Des étoiles seules
Tournant, là-haut, comme des moules,
La guerrière doutant de soi,
L'orgueil en deuil s'en est allée.

Derrière elle, criait, dans la vallée,
Et se brisait au roc, l'éternelle douleur.
Des vents de désespoirs, et des fleuves de pleurs
Sourdaient, comme jadis, au pied de la montagne.
L'humanité restait rivée au bagne
Douce pour la guerrière et la plaignant d'avoir,
Malgré son cœur, dû s'échapper de son devoir,
Alors que le dragon que saccagea Persée,
Et qu'il dompta, par la pensée
Et le regard,
Sortait, après mille ans, de son sommeil hagard
Et la mâchoire inassouvie
Se redressait contre ta vie.

Les villes

Oh ces villes, par l'or putride, envenimées !
Clameurs de pierre et vols et gestes de fumées,
Dômes et tours d'orgueil et colonnes debout
Dans l'espace qui vibre et le travail qui bout,
En aimas-tu l'effroi et les affres profondes
Ô toi, le voyageur
Qui t'en allais triste et songeur,
Par les gares de feu qui ceinturent le monde ?

Cahots et bonds de trains par au-dessus des monts !

L'intime et sourd tocsin qui enfiévrait ton âme
Battait aussi dans ces villes, le soir ; leur flamme
Rouge et myriadaire illuminait ton front,
Leur aboi noir, leur cri vengeur, leur han fécond
Étaient l'aboi, le cri, le han de ton cœur même ;
Ton être entier était tordu en leur blasphème,
Ta volonté jetée en proie à leur torrent
Et vous vous maudissiez tout en vous adorant.

Oh leurs élans, leurs chocs, leurs blasphèmes, leurs crimes
Et leurs meurtres plantés dans le torse des lois !
Le cœur de leurs bourdons, le front de leurs beffrois
Ont oublié le nombre exact de leurs victimes ;
Leur monstrueux amas barre le firmament ;
Le siècle et son horreur se condensent en elles,
Mais leur âme contient la minute éternelle
Qui date, au long des jours innombrables, le temps.

D'âge en âge, l'histoire est fécondée
Sous l'afflux d'or de leurs idées ;
Leur moelle et leur cerveau
Se ravivent du sang nouveau
Qu'infuse au monde vieux l'espoir ou le génie.

Elles illuminent l'audace et communient
Avec l'espace et fascinent les horizons.
Leur magnétisme est fort comme un poison.
Tout front qui domine les autres,
Savant, penseur, poète, apôtre,
Môle sa flamme à la lueur de leurs brasiers
Elles dressent vers l'inconnu les escaliers
Par où monte l'orgueil des recherches humaines
Et broient sous leurs pieds clairs, l'erreur qui tend ses chaînes
De l'univers à l'homme, et des hommes à Dieu.

Avez-vous vu, le soir, leurs couronnes de feu,
Temples de verre et d'or assis sur les collines,
D'où se braquent vers les étoiles sybillines,
Les monstrueux regards des lentilles d'airain ?
Et puis, en des quartiers silencieux, soudain,
Avez-vous visité les haute laboratoires,
Où l'on poursuit, de calcul en calcul,
De chaînon en chaînon, de recul en recul,
À travers l'infini, la vie oscillatoire ?

L'homme qui juge, pense et veut,
S'y contrôle et s'y mesure soi-même.
Tous les secrets, tous les problèmes,
Depuis cent ans, y sont l'enjeu
D'une lutte géante avec la destinée.
Combats méticuleux et science acharnée !
L'énigme est là, dont on cherche les yeux
Et qu'on frôle toujours, comme une bête hagarde,
Pour épier l'instant prodigieux,
Où, tout à coup, ces yeux vaincus se dardent,
Refoulant l'ombre et dévoilant la vérité.

Alors, les vents, les flots, la nuit, les cieux, les astres,
Les ponts massant sons eux, les blocs de leurs pilastres,
Les basaltes du port, les murs de la cité

Pourraient frémir, aux quatre coins de l'étendue,
Qu'ils ne trembleraient pas d'un plus profond bonheur

Que l'âme ardente du chercheur,
Sur sa conquête suspendue !

Quelque chose du monde est tout à coup changé,
Par ce jaillissement brutal hors des ténèbres ;
Il n'importe qu'on nie ou qu'on célèbre
L'homme dont le génie a saccagé
Les mystères barrés par des portes hostiles,
Sa farce est résorbée en la force des villes
Et leur énorme vie en est encor grandie !

Ainsi, de laps en laps, ceux qui pensent dédient
À l'avenir humain l'ardeur de leur cerveau ;
Et tandis qu'ils vivent pour des pensées nouveaux,
D'autres qui travaillent pour les foules – se lèvent.

Ceux-ci sont les ardents et les martyrs du rêve
Qu'ils entrevoient, là-bas, par des jardins de sang,
Marcher, pour aboutir au seuil resplendissant
Des temps, où la justice aura dompté les hommes.
L'erreur a promulgué des lois, noirs axiomes,
Qu'on doit ronger sans cesse, en attendant le jour
De les casser à coups d'émeute ou de révolte ;
S'il faut le rouge engrais pour les pures récoltes,
S'il faut la haine immense avant l'immense amour,
S'il faut le rut et la folie aux cœurs serviles,
Les bonds des tocsins noirs soulèveront les villes
En hurlante marée, autour des droits nouveaux.

Et dans les halls blafards des vieux faubourgs, là-haut,
Où les lueurs du gaz illimitent les gestes,
Les voix, les cris, les poings des tribuns clairs, attestent
Que les besoins de tous sont le cercle du droit.
Textes, règles, codes, tables, bibles, systèmes,
Mots solennels qu'on débite à faux poids :
L'homme dans l'univers n'a qu'un maître, lui-même,
Et l'univers entier est ce maître, dans lui.

Le tribun parle haut et fort ; son verbe luit,
Sauvage et ravageur, comme un vol de comète ;

Il est le fol drapeau tendu vers la conquête,
Si quelquefois il prend la foule pour tremplin,
Qu'importe, il est celui dont le désir est plein,
Jusque, au bord, de la sève des renaissances ;
La colère, le désespoir, l'effervescence,
Le silence orageux brûlent entre ses mains ;
Il est, à sa manière, un grand roi souterrain
Qui regarde s'enfler toutes les forces soudaines.

Et quand, par un accord simple et fatal, s'enchaîne
Ce que veut le tribun, ce que veut le chercheur,
Il n'est aucun éclair brandi de la terreur,
Aucun ordre qui ploie, aucun pouvoir qui gronde,
Pour écraser, sous lui, la victoire du monde.

La conquête

Vers les continents d'or, de marbre et de corail,
Sous le vent dur fouettant de son large éventail,
De mer en mer, leurs vitesses entrecroisées,
Les navires s'en vont, pareils à des pensées.

Avec des blocs de fer ou des cailloux de plomb,
Avec leur cargaison de bois couchée en long,
– Forêt vaincue et morte – en leurs cales profondes,
Avec l'ambre, le pétrole, le zinc, l'étain,
Avec l'espoir dans l'aventure et dans le gain,
Hardis et clairs, ils embarquent l'âme du monde.

Et les quais de la Chine et de l'Inde et les ports
Surgis aux flancs de l'Amérique ou de l'Afrique
Et Vera-Cruz et Buenos-Aire et Mogador
Et les sols sulfureux et les forêts lyriques
Lourdes de fruits sucrés et gluantes de miel

Et les plages de nacre et les golfes de gel
Et l'ombre et la lumière et l'affre et le mystère,
L'Est, l'Ouest, le Nord, le Sud, toute la terre
Les accueille, afin que les trésors s'échangent
Biches, compacts et clairs, ainsi que des vendanges.

Le monde entier travaille et l'Europe debout,
Là-bas, sur son tas d'or millénaire qui bout,
Du fond de ses banques formidables, préside
À ces trafics captés par des cerveaux lucides,
Chiffre à chiffre, dans les mailles de leurs calculs.
Si les chutes, les débâcles et les reculs
Brisent parfois les rêts des trop vastes audaces,
Il n'importe : les ors croulent et se déplacent
Sans appauvrir les sols, ni dessécher tes mers ;
La fortune toujours tient ses vantaux ouverts

Devant la neuve ardeur et la jeune folie,
Il faut vider le vin avant le flot de lie,
Et qui compte les morts n'est déjà plus vivant.

La terre est désormais, du Ponant au Levant,
À la race qui l'explora jusqu'en ses astres,
Qui traversa tous les dangers, tous les désastres,
Toutes les morts, dans l'espoir fou de détenir,
Un jour, entra ses mains vieilles mais obstinées,
Les énigmes, les mystères, les destinées,
Dont s'éclairent les yeux mi-clos de l'avenir.

Et les voici tanguer, sur leurs vaisseaux, ces hommes
Dont l'âme fit Paris, Londres, Berlin et Rome,
– Prêtres, soldats, marins, colons, banquiers, savants –
Bois de l'audace intense et maîtres de l'idée
Qui projettent les traits de leur force bandée
Aux buts les plus lointains des horizons vivants.

Si l'équité parfois au fond de leurs cœurs bouge,
S'ils massacrent pour s'imposer et pour régner,
Du moins réprouvent-ils le sang sur leurs mains rouges ;
Ils innovent un droit moins rude et suranné
Qui se tempère, et s'illumine, et s'humanise.
Où débordait la violence, ils organisent ;
S'ils se vengent, ici ; ils pacifient, ailleurs ;
Ils représentent ce que la terre a de meilleur ;
Bien que vagues et tremblantes, tes harmonies
Des temps futurs chantent, dans leurs cerveaux,
Ils ont le front tout pavoisé d'orgueil nouveau
Et de leur multitude éclosent les génies.

Ô les clairs voyageurs qui vont pareils aux dieux !
Le monde entier est repensé par leurs cervelles ;
Ils enserrent la terre en des routes nouvelles,
Joignent les Océans et conquièrent les cieux.
Un fil d'airain chargé de sonores paroles
Vibre dans l'étendue – et les pensera s'envolent

De l'un à l'autre bout de l'univers dompté ;
Toute la vie, avec ses lois, avec ses formes,
– Multiples doigts noueux de quelque main énorme –
S'entrouvre et se referme en un poing : l'unité ;
Et les sillages sûrs que d'escale en escale,
Par les mors d'encre ou d'or, tracent les vaisseaux clairs
Semblent le grand faisceau mondial des nerfs
Qui contractent les doigts de cette main totale.

La science

Qu'ils soient sacrés par les foules, ces hommes
Qui scrutèrent les faits pour en tirer les lois,
Qui soumirent le monde à la mesure, et, comme
Un roc hérissé d'or, ont renversé l'effroi.

Jadis, c'était la mort, son culte et son délire
Qui s'emparaient de l'homme et l'entouraient de nuit
Pour lui masquer la vie et maintenir l'empire
Debout du dogme et du péché ; mais aujourd'hui

Le mystère géant n'est plus même funèbre,
Ombre après ombre, il disparaît dans les clartés
Si bien qu'on songe au jour où toutes les ténèbres
Choiront, mortes, sous les pieds clairs des vérités.

La fable et l'inconnu furent la double proie
D'un peuple de chercheurs aux fulgurantes mains
Dont les livres ont dit comment la force ondoie
Du minéral obscur jusqu'aux cerveaux humains ;

Comment la vie est une, à travers tous les êtres,
Qu'ils soient matière, instinct, esprit ou volonté,
Forêt myriadaire et rouge où s'enchevêtrent
Les débordements fous de la fécondité.

Ô vous, les éclaireurs des tragiques visages
Tournés du fond des temps vers nos âges vermeils,
Dressez votre splendeur, comme, en tels paysages,
Luisent, de loin en loin, des tours dans le soleil.

A-t-il fallu scruter sous l'examen les choses
Pour limiter d'abord et affirmer après
Ce qui dans l'univers fut origine ou cause,
Sans s'égarer encor dans le dédale abstrait !

Ô les contrôles sûrs ! les batailles précises !
Les vieux textes croulés sous des arguments clairs !

L'âme de la réalité qu'on exorcise
Et qu'on libère enfin dans la santé de l'air !

Tout l'infini peuplé d'hypothèses logiques !
Le fourmillement d'ombre et d'or des cieux hautains
Soustrait lui-même aux puissances théologiques
Et dominé par des calculs froids, mais certains.

Les neuves vérités ainsi que des abeilles,
Pour une ruche unique et pour le même miel
Peinant et s'exaltant et saccageant la treille
Des beaux secrets cachés qui joint la terre au ciel.

Les recherches foulant le sol des consciences ;
Ordre et désordre unis et beaux comme la mer ;
Le germe humain reproduisant en sa croissance,
Les grands types de vie au cours des temps amers.

Et chaque élan vainqueur de la pensée entière
Qui n'a qu'un but : peser, jauger et définir,
Se confondant comme une flamme dans la lumière
Et la lucidité, qui seront l'avenir.

L'homme s'est assigné, sur le globe, sa place
Solidaire, dans l'attirant affolement
Et le combat entre eux des atomes rapaces
Depuis les profondeurs jusques au firmament.

Chaque âge exige enfin du temps son rapt de flamme
Et s'il est vrai qu'après mille et mille ans, toujours,
Quelque inconnu nouveau surgisse au bord de l'âme,
Les poètes sont là pour y darder l'amour,

Pour l'explorer et l'exalter avant les sages,
Sans que les dieux s'en reviennent comme jadis
Introniser leur foi dans les vallons des âges
Pâles encor d'éclairs et d'oracles brandis.

Car maintenant que la voie est tracée, immense,
Droite et nette, tout à la fois ; car maintenant

Qu'on regarde partir, robuste et rayonnant,
Vers son travail, l'élan d'un siècle qui commence ;

Le cri de Faust n'est plus nôtre ! L'orgueil des fronts
Luit haut et clair, à contre vent, parmi nos routes,
L'ardeur est revenue en nous ; morts sont les doutes
Et nous croyons déjà ce que d'autres sauront.

L'erreur

La dune allait, au long des mers, vers l'infini,
Les hivers convulsifs
Tordaient les cieux, sous la foudre et la tempête
Les eaux apparaissaient comme un amas de bêtes
Dont les flots délivraient les aboiements captifs,
La dune allait ainsi
Âpre et sauvage, à pas géants,
Autour des Océans,
La dune allait ainsi
Indifférente aux cris et aux naufrages
Jetés de plage en plage et d'âge en âge,
Vers la pitié lucide et vers l'amour vivant,
La dune allait ainsi,
Immense et monotone, en son pèlerinage,
De l'est à l'ouest, au long des mers, avec le vent.

Et les siècles, avec la dune, avec le vent,
Et les siècles, au long des mers,
Passèrent
Jusques au jour, où l'on planta,
Sur des buttes de sable ou de graviers en tas,
Les phares
Sonnant au loin les feux en or de leurs fanfares

Le visage des nuits en fut illuminé.
Les rocs et les courants,
Tels des cornes ou des torrents,
Apparurent, sur les ténèbres profanées,
De réguliers éclairs trouaient l'immensité,
L'ombre morte se reprenait à vivre,
Les vaisseaux noirs que l'étendue enivre
Partaient pour la conquête, avec sécurité,
L'homme luttait encor, mais non plus en aveugle,

L'espace où le flot mord où le vent meugle,
Le regardait, avec des yeux fixes d'éclat,
Les eaux pouvaient noyer la quille entière,
Mais dans les voiles et dans les mâts,
Passaient et repassaient des gestes de lumière.

Les étoiles mortes, une clarté plus sûre
Accompagnait le mors-aux-dents vers l'aventure ;
La terre aimée apparaissait au loin,
Malgré l'espace en deuil, comme un témoin
Des batailles et des victoires sous la foudre.
On déchirait, dans les voiles de l'inconnu,
Des chemins clairs que nul ne put recoudre,
Le péril franc, le danger nu,
Étaient cherchés, puis affrontés ; la force humaine
Si longtemps folle et incertaine
Conquit, dans la grandeur des éléments domptés,
Sa royauté.

La dune allait, au long des mers vers l'infini ;
Mais désormais
Elle avançait tenant en main de grands flambeaux,
On eût dit un cortège illuminant si haut
Le ciel, que les astres s'en obscurcirent ;
La dune allait ainsi
La nuit, le jour,
Par le chemin qui fait le tour
Des royaumes et des empires,
Et quand s'interrompait au loin sa ronde,
Elle tendait aux bras de pierre
Des falaises, les lumières du monde.

Or il se fit qu'au cours des temps
Des gens apparurent qui doctement,
Avec des mains très expertes, faussèrent
La pureté des géantes lumières.

Un travail sourd mais entêté
Coupa l'amour, d'un biais de haine ;

Les phalènes des disputes humaines
Pullulèrent autour de la clarté.

On ne distinguait plus la splendeur sûre
Tendre ses réguliers éclairs,
Comme des barres sur la mer,
Vers les bras fous de l'aventure.

Et les ardents et tranquilles flambeaux
Qui dominaient la lutte et les batailles
Éclairèrent des funérailles
Qui descendaient vers des tombeaux.

Hommes de notre temps le sort vous parut morne,
Le jour qu'il vous fallut combattre au loin
N'ayant pour seuls appuis, pour seuls témoins,
Que ces phares tués dont on faisait des bornes.

Quelques-uns d'entre vous s'assirent sur la grève,
Le poing sous le menton,
Ou bien se dirigèrent à tâtons,
Dans le dédale de leur rêves.

D'autres, plus fermes et les meilleurs,
S'imposèrent la tâche coutumière,
De refaire de la lumière,
Avec d'autres lueurs.

Mais les plus exaltés se dirent dans leur cœur :
« Partons quand même avec notre âme inassouvie,
Puisque la force et que la vie
Sont au-delà des vérités et des erreurs. »

La folie

Routes de fer vers l'horizon :
Blocs de cendres, talus de schistes,
Où sur les bords un agneau triste
Broute les poils d'un vieux gazon ;
Départs brusques vers les banlieues,
Rails qui sonnent, signaux qui bougent,
Et tout à coup le passage des yeux
Crus et sanglants d'un convoi rouge ;
Appels stridents, ouragans noirs,
Pays de brasiers roux et d'usines tragiques,
Où sanglotent, quand vient le soir,
Toutes les voix du vent
Frappant, d'un contenu gémissement,
Les fils à l'infini des crins télégraphiques,
C'est parmi vous
Qui entourez, de vos remous,
Les villes
Que s'en viennent chercher asile
Les cerveaux éclatés des déments et des fous.

Marqués chacun d'un signe,
Derrière un mur aveugle et sourd
De vieux faubourg,
Les cabanons s'alignent ;
Et la cité ardente et terrible, là-bas,
Qui les peuple de haut en bas,
Avec les yeux aigus de ces vitres hagardes
S'en inquiète et les regarde.

Ô la folie et ses soleils, tout à coup blancs !
Ô la folie et ses soleils plombants
À rayons lents,
À rayons ternes

Sinistrement,
La fièvre et le travail modernes !

Jadis tout l'inconnu était peuplé de Dieux,
Ils étaient la réponse aux questions dont l'homme
En son âme puérile dressait la somme ;
Ils étaient forts puisqu'ils étaient silencieux
Et la prière et le blasphème
Qui ne résolvaient rien
Tranchaient pourtant, au nom du mal, au nom du bien,
Les problèmes suprêmes.

Or aujourd'hui c'est la réalité
Secrète encor, mais néanmoins enclose
Au cours perpétuel et rythmique des choses,
Qu'on veut, avec ténacité,
Saisir, pour ordonner la vie et sa beauté
Selon les causes.

L'homme se lève enfin pour ce devoir tardif,
Venu pour éclipser les feux de tous les autres ;
Il s'affirme non plus le roi, le preux, l'apôtre,
Mais le savant têtu, aident et maladif
Qui se brûle les nerfs à saisir, au passage,
Toute énigme qui luit et fuit – moment d'éclair.
Doutes, certitudes, labeurs, fouilles, voyages,
La terre entière est sonore de son pas clair
Et la nuit attentive écoute arder ses veilles ;
Avec des yeux géants, il explore la treille
Des globes d'ombre et d'or pendus au firmament.
Les soirs sont flamboyants de hauts laboratoires
Qu'il allume, pareils aux feux des promontoires.

La vie ? Il l'étudie en de simples fermenta ;
Couche après couche, il a fouillé les sols funèbres,
Il a sondé le fond des mers et des ténèbres,
Il a rebâti tout, avec un tel souci
D'en bien fixer l'assise et les combles et les mortaises,

Qu'il n'est plus rien, sous les grands toits de ses synthèses,
Qui ne soit soutenu et ne soutienne aussi.

Et le tressaut universel des énergies
Règle ce travail neuf, de ses forces surgies,
Aux quatre coins du monde – et la terre et les deux
Et ceux qui trafiquent au nom de l'or et ceux
Qui ravagent au nom du sang, tous collaborent,
Avec leur haine ou leur amour, au but sacré.
De chaque heure du siècle un prodige s'essore
Et vous les provoquez, chercheurs ! Tout est serré,
Mailles de vie ou de matière entre vos doigts subtils ;
Vos miracles humains illuminent les villes
Et l'inconnu serait dompté et le savoir,
À larges pas géants, aurait rejoint l'espoir,
Si vos cerveaux battus du vent de la conquête
N'usaient à trop penser vos maigres corps d'ascète
Et si vos nerfs tendus toujours et toujours las,
Un jour, tels des cordes, n'éclataient pas.

Ô la folie, avec ses cris, avec ses râles,
Et ses pas saccadés au long d'un haut mur blanc,
Ô la folie et ses soleils plombants et pâles,
Comme des lampes sépulcrales,
Sur les villes de l'occident,
Certes vous l'entendez, chercheurs fiévreux et blêmes,
Rôder non loin de vos maisons,
Mais rien ne vous distrait du sort de vos problèmes,
Vous surgissez, héros ! donnant votre raison
Comme jadis on prodiguait sa vie
Et les chevaux des recherches inassouvies
N'arrêtent point l'essor
De leurs ailes vers la lumière,
Parce que ceux qui les montaient glissent à terre,
Soudainement, parmi les morts.

Les cultes

Toutes les enclumes des ors et des tonnerres
Retentissent, là-haut, en des amas de nuit ;
Un atelier de feu et d'ombre y fut construit
Par Gog et par Magog pour les dieux millénaires.

Ammon et Jéhovah y rencontrent Satan ;
Le vieux Vulcain y frappe, à coups brutaux mais justes,
Pour le compte du Christ, l'auréole des justes.
Les deux portiers saint Pierre et Thot ont l'air content.

Tous les schismes sont loin. Seule survit l'idée.
Les Dieux sont assez vieux pour ne faire plus qu'un
Et recueillir pour soi, dans tous et dans chacun,
Le multiforme écho des prières dardées.

Les sophistes sacrés marquent d'un scel pieux
– Serpent, lotus ou croix – la science du monde,
Et baptisent l'envol des forces errabondes
Qui passent au-delà des hommes et des dieux.

Sur l'arbre du mystère, ils greffent le prodige ;
Le miracle incessant tient la place des lois,
Leur passion du ciel prend en croupe la foi
Et l'élève, de roc en roc, jusqu'au vertige.

Il n'est plus rien de vrai, puisque tout est divin.
L'esprit doit abdiquer l'orgueil qui le fait vivre
Pour lui-même, par la pensée et par le livre ;
On empoisonne l'inconnu dont il a faim.

Voici la paix de la banale certitude ;
Hommes, pourquoi chercher ? Vous avez le repos,
Il coule en vous, mais c'est du plomb, parmi vos os,
Et du bonheur, dans sa plus morne plénitude.

Rien n'est plus haut, malgré l'angoisse et le tourment,
Que la bataille avec l'énigme et les ténèbres ;

Oh nos flèches d'airain trouant les soirs funèbres,
Vers quelque astre voilé qui brûle au firmament !

Et qu'importent le doute ardent, l'ombre profonde,
Le tumulte qui rend l'effort plus effréné ;
Cœur et cerveau, dans un élan simultané,
Chacun à travers soi doit conquérir le monde.

Dites, la proie et le butin qu'est l'univers
Saignant, dans la splendeur de l'étendue entière ?
Nous travaillons et nous pensons de la matière.
Et son secret vit en nous-mêmes, à découvert.

Nos contrôles le voient, s'ils ne le définissent ;
L'unité est en nous, et non pas dans les dieux ;
L'effroi si longtemps maître a déserté les cieux
Et s'est éteint dans les yeux morts des Pythonisses.

L'homme respire et sur la terre il marche, seul.
Il vit pour s'exalter du monde et de lui-même ;
Sa langue oublie et la prière et le blasphème ;
Ses pieds foulent le drap de son ancien linceul.

Il est l'heureuse audace au lieu d'être la crainte ;
Tout l'infini ne retentit que de ses bonds
Vers l'avenir plus doux, plus clair et plus fécond
Dont s'aggrave le chant et s'alentit la plainte.

Penser, chercher et découvrir sont ses exploits.
Il emplit jusqu'aux bords son existence brève ;
Il n'enfle aucun espoir, il ne fausse aucun rêve,
Et s'il lui faut des Dieux encore – qu'il les soit !

Les baptêmes

Vers son manoir de marbre,
Qui domine les bois,
L'évêque en fer et en orfroi,
Le dimanche, s'en a,
Moment d'éclair et d'or, parmi les lignes d'arbres.

Le ruisseau mire son amure
Et son blason, de haut en bas,
Si bien qu'il marche, en son voyage,
Avec sa grande image,
À ses côtés, sous la ramure,
De pas en pas

Les bois ? – ils sont luisants d'aurore
Et sonores des fleurs qui les décorent :
Les mille doigts des brises frisent,
Avec des bonds et des surprises,
Les feuillages qu'ils chimérisent ;
L'ombre elle-même est claire ; là-haut,
Se balancent les cimes unanimes,
Tandis qu'au ras du sol – tel un joyau
Qui glisserait sur la lumière –
Ailes folles, passe un oiseau.

L'évêque, avec son glaive, avec sa lance,
Vêtu d'orfroi et d'acier blanc, s'avance ;
Ses éperons de diamant
Semblent du feu de firmament ;
Et son image en or et en conquête
Dit au ruisseau qui la reflète :
« Je suis pure comme ton eau,
Celui qui me projette
En ton miroir a l'âme nette
Et le cœur haut. »

L'eau entendit ces paroles d'orgueil,
Fit un coude, puis s'éloigna de l'avenue,
Vers une grotte, où, sur le seuil,
Se baignait une enfant nue,
Jouant, avec ses mains et ses cheveux,
Joyeusement, dans les flots bleus.

Elle était fraîche et douce ;
Belle comme un fruit qui luit,
Rouge, sur le coussin des mousses,
L'ombre tombait des saules,
Feuille à feuille, sur ses épaules,
Et ses doigts clairs cherchaient à la saisir ;
Elle criait et s'oubliait en son plaisir
D'être, dans l'eau et le soleil, perdue.

Elle était bonne et amicale
Et toute au clair de sa gaieté dominicale.

Du haut de sa chapelle, suspendue
Aux peupliers, la petite vierge Marie
La regardait jouer dans l'eau fleurie,
Et n'ayant peur de sa tranquille nudité
Lui dit en se penchant de son côté :

« Naïve et frêle enfant de l'eau, des fleurs, des branches,
C'est toi la pure, c'est toi la franche,
Le ruisseau blanc qui s'écoule vers toi,
C'est le baptême vrai que je t'envoie.
J'aime ton corps doux et béni,
Comme celui de mon Jésus,
À Béthléem, quand les souffles unis
Du bœuf et de l'ânon se penchèrent dessus,
Ton âme est claire à ma pensée
Qui te voit vivre, avec les fleurs
Et l'eau, dans une entente de fraîcheur
Et de splendeur exorcisées.

Tu es toi-même une prière
Balbutiée, au cours des temps,

Depuis que s'exalte la terre
Immortelle vers le printemps.

L'homme de pouvoir d'or et de force mitrée
Qui rythme son orgueil brutal et chamarré,
Au galop lourd de son cheval, là-bas,
N'est pas
Celui qui vit vraiment, selon sa vie.
L'eau pure, à l'entendre, s'enfuit ;
Les brindilles et les branches se cassent ;
Les oiseaux clairs s'éparpillent en vols de peur ;
Et la nature entière a la frayeur
Des éclats durs de la cuirasse. »

Pendant que la vierge parlait,
L'enfant, sans rien savoir, mêlait,
Continûment, ses mains et ses cheveux
Aux mains et aux cheveux
Des eaux vertes et des eaux bleues.
Toute l'innocence des choses
La pénétrait et la sacrait
D'une simple et religieuse apothéose,
Et sa tête de la grâce immense baignée
N'avait pas même l'air étonné.

Tandis qu'au loin, parmi les arbres,
L'évêque en or
Montait vers son manoir de marbre :
Les hauts donjons et leurs pierres meurtries
Étaient chaudes et humides encor
De récentes et féroces tueries ;
Et les taches rouges des murs épais,
À mesure qu'il avançait,
Absorbaient l'ombre
De sa marche farouche et sombre,
Avec leurs bouches de sang frais.

Les heures où l'on crée

Les ténèbres ferment mes yeux
Avec leurs mains douces et noires ;
Voici la paix, voici les gloires,
Voici le flottement joyeux
Du rêve et du sommeil sur ma mémoire.

Encore un jour, ce jour ! où mon front fut le maître
Et l'empereur de l'univers qu'est tout mon être,
Où tous mes sens ont pu saisir
Le faisceau roux de mes désirs
Et les porter, comme des glaives,
Devant ma volonté, dans la lumière.

Le printemps luit de grève en grève ;
L'idée est fraîche, ainsi qu'une flore trémière ;
L'esprit la voit grandir ; on pense large et clair
Comme la mer ;

Les problèmes les plus ardus
De leurs grands monts sont descendus
Et se laissent, dans l'or des plaines,
Chauffer et pénétrer par la recherche humaine ;
Tout est éclair au même instant ;
Seule existe la peur de n'avoir pas le temps
De dominer, soudain, ce que l'esprit découvre,

Et la vie ample et vaillante se rouvre
Aux blancs galops de l'espoir d'or ;
On veut, et ce vouloir semble d'accord,
Intimement avec le vœu du monde ;
L'âme sent naître en soi la puissance profonde
Qui réconforte et qui convainc,
L'obstacle même apparaît vain :
À peine un coin de pierre où aiguiser sa force.

Tous les ferments gonflent l'écorce
Du jeune et triomphal orgueil ;
La vie immense frappe au seuil
De la maison où dort la confiance ;
Les os, le sang, les nerfs font alliance
Avec on ne sait quoi de frémissant
Dans l'air et dans le vent ;

On s'éprouve léger et clair dans l'espace.
Où est heureux à crier grâce,
Les faits, les principes, les lois, on comprend tout ;
Le cœur tremble d'amour et l'esprit semble fou
De l'ivresse de ses idées.

Ô ces heures de fière ardeur dardée,
Heures des mais et des avrils.
Qui m'amenez, chaque an, les plus rares des joies,
Heures de conquête, heures de vaillance, heures de proie
Pour mon cœur rouge et mon esprit viril,
Mon souvenir vous loue et vous célèbre,
En cet instant, où les ténèbres
Ferment mes yeux hantés de gloire,
Avec leurs mains douces et noires.

L'utopie

Monuments noirs carrant leur masse, en du brouillard !
Le naphte en torches d'or y brûle au fond des caves ;
Des corps mi-nus, des torses roux, des bras hagards,
S'y démènent, parmi les poix, les plombs, les laves
Dont les rouges ruisseaux brûlent les os du sol.
Le clair effort humain, vers la rage, y dévie ;
Le vice et la vertu s'y nouent, en des viols
Si terribles qu'en tremble et qu'en pleure la vie ;
Aubes, midis et soirs ne s'y distinguent pas ;
Et le soleil, telle une plaie envenimée,
Tache le ciel et saigne et suppure, là-bas,
Sous des loques de feu, de suie et de fumée.

Lieux sinistres ! Et néanmoins tout y paraît
Capté dans l'ordre et le devoir, comme en des rêts ;
Le crime est régulier, précis, mathématique ;
La loi l'instaure et les vieilles dialectiques
Le défendent, en leurs livres, dès qu'il le faut.
– Oh tout le sang qui s'égoutta des échafauds,
Depuis quels temps lointains, dans la plume des scribes !

L'encre brûle, troua et salit le manteau clair
Où la justice, au fond de ses palais, s'exhibe ;
Le droit s'y vend d'être un homme de proie et l'air
Y est malsain, pour les consciences vivantes.
Textes creusés en larynthes d'épouvante,
Textes pareils à des couteaux, textes serrés,
Comme des dents, textes faussés, textes tarés,
Toute la mort sournoise y comprime la vie ;
Tout acte humain dont la routine a peur, dévie
Soudain vers le délit, le crime ou le forfait ;
La glose enchaîne tout et le code est parfait :
Les mots y sont maîtres et rois – et les mots tuent !

Aussi dites, avec quel trépidant espoir,
Ceux qui pensent, voient-ils venir les mains hardies
Qui dans l'émeute et la fureur, un soir,
Arracheront au torse en feu de l'avenir,
Les flammes d'or de leur désir
Et, sur les tours du mal au ciel brandies,
Disperseront les aigles roux des incendies.
Une heure brève et folle – et puis la délivrance.

La force agit, par rage et par outrance,
Autant que par sereine et profonde lenteur,
Il est des phares sanglants sur les hauteurs
Dont la clarté sinistre est auxiliaire,
Plus que l'étoile, au téméraire explorateur
Qui vient des pays d'ombre aux régions solaires !

Oh dans le monde entier, ces tempêtes d'idées !
Prisons, bouges, autels, trônes – et l'échafaud,
Le mal, le bien, le vrai, le faux,
Toutes forces barricadées,
Face à face, derrière un mur d'airain.
Puis tout à coup, dans le lointain,
La foule et sa clameur et sa force nouvelle
Seule d'accord
Avec les forces éternelles
Qui prend d'assaut la vie et repousse la mort.

Alors,
Avec quelle prudence,
Avec quel esprit juste, avec quel tact
Des invisibles concordances,
Avec quelle ample audace et quel génie exact,
Il nous faudra scruter les lois les plus profondes
Qui font s'entrenouer la vie et s'attirer les mondes
Pour que le peuple entier des volontés
S'engage, en des chemins de paix et d'harmonie,
Et sente aussi, à travers lui, l'effluve et la clarté
De l'attraction blanche et infinie.

Celui qui prouve et sait vaincra celui qui croit.

Simple, serein, puissant et droit,
Dans le cirque géant des forces familières,
L'homme organisera sa vie aventurière ;
Les forts s'imposeront non plus en oppresseurs,
Mais en élus, la nature maîtresse
Mettant ses dons les plus larges et les meilleurs,
Dans leurs exploits et leur sagesse.

Un unanime consentement
Suivra leur geste, ainsi qu'au firmament.
Les flottilles des étoiles suivent tels astres
Dominateurs et clairs comme des vaisseaux d'or ;
L'évidence subjuguera l'esprit si fort
Que nul n'aura le cœur de tenter les désastres,

Ni de barrer, par sa démence ou sa fureur,
La route en joie et fleurs vers le bonheur ;
Les liens humains seront les liens mêmes des choses
Noués entre eux pour resserrer le droit,
Et le monde, roulé dans les métamorphoses,
Après avoir eu foi en Dieu, croira en soi.

Les bagnes

Pareils à ces rayons vêtus de soir et d'or
Qui seuls, avant de s'endormir dans la vallée,
Baisent de leur lumière et ravivent encor
Le front triste et rugueux des roches isolées,
Mes vers s'en vont vers vous,
Hommes de lutte et de souffrance, âpres visages,
Proscrits et révoltés qui maintenez
Debout
Malgré la croix où le destin vous cloue
Et votre foi et votre rage !

Bagnes, là-bas, au bout des mers !
Solitudes de pierre et fer,
Sols de volcans et de tourments sous terre,
Îles de blocs et de cœur en granit,
Étals d'astuce et de colère,
Dans le désert de l'infini.

Comme du sang caillé parmi les vagues
Luisent vos bords et vos sables ocreux ;
Vos pics sont nus, comme les pointes des dagues,
Vos geôliers sont des fous qui s'excitent entre eux,
Vos flots roulent en tempête leurs flammes,
La cruauté torride et ses lâches conseils,
Au fer rouge de vos soleils,
Brûlent, sous vos deux durs, les âmes.

Or, ceux que vous damnez viennent de l'inconnu,
Avec entre leurs mains les vérités nouvelles ;
Le feu du monde, ils l'attisent, dans leurs cervelles,
Le droit serein et méconnu
Semble le sang dont bouillonne leur verbe,
Ils incendient, en les tassant du pied, les herbes
Pleines de mort et de poison des vieilles lois ;

Ils sont les fous de la haute folie,
La vie étant à boire, ils en rincent la lie
Et la présentent pure au peuple qui la boit.

Leur cœur est vaste et clair comme les plaines.
Leurs yeux sont purs comme des yeux d'enfant,
Quoi qu'on dise, leur force est pleine
D'amour immense et débordant.

S'ils haïssent, ils n'ont que des haines d'idées,
Leur cause est leur orgueil et le tourment
De ne la point aimer, assez éperdument,
Tient seul, pendant la nuit, leurs âmes obsédées.

La pitié, aucun d'entre eux
N'en veut.
Ce qu'ils veulent ? C'est d'être, à travers temps,
Un cri si fort de nerfs et de muscles tordus,
Qu'après cent ans,
Son épouvante encor, malgré la mort,
Soit entendu ;
C'est d'allumer le feu des tragiques exemples
– Lueurs montant plus haut que le fronton des temples –
C'est de brûler, comme des torches
Toutes en sang, au seuil des porches,
Où régneront, un jour, maîtres du bien,
Ceux qui veulent une équité totale – ou rien.

Ô leur inécrasable et rouge confiance,
Leur orageux silence ou leur acharnement,
Leurs cris profonds chargés de conscience
Qui traversent le monde, ainsi qu'un châtiment,
Vous ne les vaincrez pas, bourreaux déments et mornes,
Iles, dont les pointes, comme des cornes,
Se hérissant vers le soleil,
Bagnes bâtis pour la terreur et les supplices
L'âme humaine bondit de réveils en réveils,
Elle est en rut de la justice.

Les cris de ma vie

Ma race

Je suis le fils de cette race
Dont les cerveaux plus que les dents
Sont solides et sont ardents
Et sont voraces.

Je suis le fils de cette race
Dont les desseins ont prévalu
Dans les luttes profondes
De monde à monde,
Je suis le fils de cette race
Tenace
Qui veut, après avoir voulu
Encore, encore et encore plus !

Races d'Europe et des soudaines Amériques,
– Ma race ! – Oh que vos pas sont beaux
Quand ils portent sur les sommets lyriques
Toujours plus haut
Les feux maintenus clairs des antiques flambeaux !

Le monde entier est ce jardin des Hespérides
Où vous cueillez, parmi des arbres tors,
Avec des bras fougueux, avec des mains torrides,
La force et le savoir, la volonté et l'or.

S'ils furent lourds vos coups dans les luttes fatales
Du moins votre œuvre immortelle et mentale
Recouvre, avec ses ailes de clarté,
L'œuvre basse de cruauté.

Vos noms ? Qu'importent ceux dont l'histoire vous nomme ;
Vous vous reconnaissez toutes, au même sceau

Empreint sur vos berceaux,
D'où se lèvent les plus purs des hommes.

Avec des regards nets, puissants et ingénus,
Vous explorez la terre entière :
Toute lueur qui filtre, à travers l'inconnu,
Devient, entre vos mains, une énorme lumière.

L'urgence d'innover vous étreint le cerveau ;
Et vous multipliez les escaliers mobile,
Et les rampes et les paliers nouveaux,
Là-haut, autour des vérités indélébiles.

Trouver, grouper, régler, choisir et réformer !
Vos voyages, vos recherches, votre science,
Tout se ligue pour vous armer
D'une plus lucide conscience.

Vous vous servez de l'air, de l'eau, du sol, du feu,
Vous les exorcisez de leurs terreurs dardées ;
Ceux qui furent, aux temps liturgiques, les Dieux
S'humanisent et ne sont plus que vos idées.

Tout se règle, tout se déduit, tout se prévoit.
Le hasard fol et vieux, sous vos calculs, se dompte ;
L'action vibre en vous, mais sans geste, sans voix,
Et ne fait qu'un avec l'intelligence prompte.

Ô les races magnifiques ! L'Est, l'Ouest, le Nord,
Terre et cieux, pôles et mers sont vos domaines,
Régnez : puisque par vous la volonté du sort
Devient de plus en plus la volonté humaine.

L'impossible

Homme, ai haut soit-il ce mont inaccessible,
  Où ton ardeur veut s'élancer
  Ne crains jamais de harasser
  Les chevaux d'or de l'impossible.

Monte plus loin, plus haut, que ton esprit retors
  Voudrait d'abord, parmi les sources,
  À mi-côte, borner sa course ;
  Toute la joie est dans l'essor !

Qui s'arrête sur le chemin, bientôt dévie ;
  C'est l'angoisse, c'est la fureur,
  C'est la rage contre l'erreur,
  C'est la fièvre, qui sont la vie.

Ce qui fut hier le but est l'obstacle demain ;
  Dans les cages les mieux gardées
  S'entredévorent les idées
  Sans que jamais meure leur faim.

Changer ! Monter ! est la règle la plus profonde.
  L'immobile présent n'est pas
  Un point d'appui pour le compas
  Qui mesure l'orgueil du monde.

Que t'importe la sagesse d'antan qui va
  Distribuant, comme des palmes,
  Les victoires sûres et calmes,
  Ton rêve ardent vole au-delà !

Il faut en tes élans te dépasser sans cesse,
  Être ton propre étonnement,
  Sans demander aux dieux, comment
  Ton front résiste à son ivresse.

Ton âme est un désir qui ne veut point finir ;
  Et les chevaux de l'impossible,
  Du haut des monts inaccessibles,
  – Eux seuls – la jetteront dans l'avenir.

Un matin

Dès le matin, par mes grand-routes coutumières
     Qui traversent champs et vergers,
     Je suis parti clair et léger,
Le corps enveloppé de vent et de lumière.

Je vais, je ne sais où. Je vais, je suis heureux ;
     C'est fête et joie en ma poitrine ;
     Que m'importent droits et doctrines,
Le caillou sonne et luit, sous mes talons poudreux ;

Je marche avec l'orgueil d'aimer l'air et la terre,
     D'être immense et d'être fou
     Et de mêler le monde et tout
À cet enivrement de vie élémentaire.

Ô les pas voyageurs et clairs des anciens dieux !
Je m'enfouis dans l'herbe sombre
     Où les chênes versent leurs ombres
     Et je baise les fleurs sur leurs bouches de feu.

Les bras fluides et doux des rivières m'accueillent ;
     Je me repose et je repars,
     Avec mon guide : le hasard,
Par des sentiers sous bois dont je mâche les feuilles.

Il me semble jusqu'à ce jour n'avoir vécu
     Que pour mourir et non pour vivre :
     Oh quels tombeaux creusent les livres
Et que de fronts armés y descendent vaincus !

Dites, est-il vrai qu'hier il existât des choses,
     Et que des yeux quotidiens
     Aient regardé, avant les miens,
Se pavoiser les fruits et s'exalter les roses.

Pour la première fois, je vois les vents vermeils
     Briller dans la mer des branchages,
     Mon âme humaine n'a point d'âge ;
Tout est jeune, tout est nouveau, sous le soleil.

J'aime mes yeux, mes bras, mes mains, ma chair, mon torse
            Et mes cheveux amples et blonds
            Et je voudrais, par mes poumons,
            Boire l'espace entier pour en gonfler ma force.

Oh ces marches à travers bois, plaines, fossés,
            Où l'être chante et pleure et crie
            Et se dépense avec furie
Et s'enivre de soi ainsi qu'un insensé !

L'en-avant

Le corps ployé sur ma fenêtre,
Les nerfs vibrants et sonores de bruit,
J'écoute avec ma fièvre et j'absorbe, en mon être,
Les tonnerres des trains qui traversent la nuit.
Ils sont un incendie en fuite dans le vide.
Leur vacarme de fer, sur les plaques des ponts,
Tintamarre si fort qu'on dirait qu'il décide
Du rut d'un cratère ou des chutes d'un mont.
Et leur élan m'ébranle encor et me secoue,
Qu'au loin, dans la ténèbre et dans la nuit du sort,
Ils réveillent déjà du fracas de leurs roues,
Le silence endormi dans les gares en or.

Et mes muscles bandés où tout se répercute
Et se prolonge et tout à coup revit
Communiquent, minute par minute,
Ce vol sonore et trépidant à mon esprit,
Il le remplit d'angoisse et le charme d'ivresse
Étrange et d'ample et furieuse volupté,
Lui suggérant, dans les routes de la vitesse,
Un sillage nouveau vers la vieille beauté.

Ô les rythmes fougueux de la nature entière
Et les sentir et les darder à travers soi !
Vivre les mouvements répandus dans les bois,
Le sol, les vents, la mer et les tonnerres ;
Vouloir qu'en son cerveau tressaille l'univers !
Et pour en condenser les frissons clairs
En ardentes images,
Aimer, aimer surtout la foudre et les éclairs
Dont les dévorateurs de l'espace et de l'air
Incendient leur passage !

Les vents

Noires syrinx d'ombre et de tôle,
Les Inégales cheminées,
Sur les villes échelonnées,
Au long des mers jusques au pôle,
Grondent aux bises déchaînées,
Durant l'automne.

Assis en rond autour du feu,
Les hommes las et miséreux
Souffrent et geignent.
Le désespoir et l'ennui règnent ;
On s'examine et l'on attend.
Nul ne répond aux mots stridents
Que promulguent les cheminées
Vers les révoltes acharnées,
De ville en ville, au loin, sur les routes du vent.

Seuls, peut-être, seuls les poètes
Pourraient répondre à la tempête
Et diriger vers des horizons clairs, l'essaim
Des paroles et les traduire.
Mais ils s'en vont par tels chemins
Loin des foyers humains,
Vers la conquête d'un Empire
Dont ils seraient les maîtres – seuls.

Et l'espace pareil à un linceul
Ne recueille que plainte et que douleur mort-nées
Et la clameur des cheminées,
Noires syrinx d'ombre et de tôle,
Depuis les mers jusques au pôle,
N'est qu'un chaos d'inutiles paroles.

Le repos

Travaux ardents, efforts prodigues,
Vous vous ralentissez en mon esprit tendu.
L'heure est bonne, l'heure du repos dû
Et de la saine et vaillante fatigue.

Le soir
Plein de lueurs et de miroirs,
Le soir, sur les étangs et les forêts d'automne,
S'enténèbre soudain, et soudain resplendit,
Tandis que les grands vents, avant la nuit,
Au long des routes monotones,
Rentrent lassés de l'infini.

Ô les bonnes ardeurs tranquillisées !
De lentes mains de silence et de paix
Pour délier leurs nœuds, glissent sur mes pensées.
Je me plonge dans une heureuse quiétude.
Comme en un lac de plénitude,
Et lentement mon être entier se laisse aller
Au fil de l'eau, vers un port calme et isolé
Dont les rives en fleurs et en verdures
Versent aux bons cerveaux la volonté future.
Quelque chose s'affaisse et se déplie en moi,
Se mêle à l'ombre d'or suspendue aux collines,
À la fraîcheur des blancs brouillards de mousseline
Qui recouvrent le fond moussu des vallons froids ;
Tout m'est doux et profond en ma mort éphémère
Et mon détachement temporaire du temps,
Où les choses unanimes me reconquièrent
Et me fondent, en un sommeil intermittent.

L'heure est bonne, l'heure de la fatigue,
La lune avec ses jeux distraits
Se regarde glisser vers les marais ;
Le fleuve au loin sommeille entre ses digues ;
Comme en des nids de granit blanc,

73

Les voilures dorment dans les écluses,
L'ombre est molle et la clarté diffuse,
Le sang coule torpide et lent,
Il n'est jusqu'aux gestes de la mémoire
Vers le passé et les victoires,
Qui ne retombent affaiblis
Sur les coussins du mol oubli.

Le voyage

Je ne puis voir la mer sans rêver de voyages.

Le soir se fait, un soir ami du paysage,
Où les bateaux, sur le sable du port,
En attendant le flux prochain, dorment encor.

Oh ce premier sursaut de leurs quilles cabrées,
Au fouet soudain des montantes marées !
Oh ce regonflement de vie immense et lourd
Et ces grands flots, oiseaux d'écume,
Qui s'abattent du large, en un effroi de plumes,
Et reviennent sans cesse et repartent toujours !

La mer est belle et claire et pleine de voyages.
À quoi bon s'attarder près des phares du soir
Et regarder le jeu tournant de leurs miroirs
Réverbérer au loin des lumières trop sages ?
La mer est belle et claire et pleine de voyages
Et les flammes des horizons, comme des dents,
Mordent le désir fou, dans chaque cœur ardent :
L'inconnu est seul roi des volontés sauvages.

Partez, partez, sans regarder qui vous regarde,
Sans nuls adieux tristes et doux,
Partez, avec le seul amour en vous
De l'étendue éclatante et hagarde.
Oh voir ce que personne, avec ses yeux humains,
Avant vos yeux à vous, dardés et volontaires,
N'a vu ! voir et surprendre et dompter un mystère
Et le résoudre et tout à coup s'en revenir,
Du bout des mers de la terre,
Vers l'avenir,
Avec les dépouilles de ce mystère
Triomphales, entre les mains !

Ou bien là-bas, se frayer des chemins,
À travers des forêts que la peur accapare

Dieu sait vers quels tourbillonnants essaims
De peuples nains, défiants et bizarres.
Et pénétrer leurs mœurs, leur race et leur esprit
Et surprendre leur culte et ses tortures,
Pour éclairer, dans ses recoins et dans sa nuit,
Toute la sournoise étrangeté de la nature !

Oh ! les torridités du Sud – ou bien encor
La pâle et lucide splendeur des pôles
Que le monde retient, sur ses épaules,
Depuis combien de milliers d'ans, au Nord ?
Dites, l'errance au loin en des ténèbres claires,
Et les minuits monumentaux des gels polaires,
Et l'hivernage, au fond d'un large bateau blanc,
Et les étaux du froid qui font craquer ses flancs,
Et la neige qui choit, comme une somnolence,
Des jours, des jours, des jours, dans le total silence.

Dites, agoniser là-bas, mais néanmoins,
Avec son seul orgueil têtu, comme témoin,
Vivre pour s'en aller – dès que le printemps rouge
Aura cassé l'hiver compact qui déjà bouge –
Trouer toujours plus loin ces blocs de gel uni
Et rencontrer, malgré les volontés adverses,
Quand même, un jour, ce chemin qui traverse,
De part en part, le cœur glacé de l'infini.

Je ne puis voir la mer sans rêver de voyages.
Le soir se fait, un soir ami du paysage
Où les bateaux, sur le sable du port,
En attendant le flux prochain dorment encor…

Oh ce premier sursaut de leurs quilles cabrées
Aux coups de fouet soudains des montantes marées !

L'étude

Savoir de notre temps, faisceau d'antinomies !
– Doutes, calculs, erreurs, espoirs, reculs, effrois –
Glaives faussés et morts, glaives vivants et droits,
Certitudes concordantes ou ennemies,
Avec quelles pointes bien ou mal affermies,
Glaives ! vous vous plantez en moi !

Vous me percez dûment – mais tout mon être
S'exalte à ressentir – délice ou cruauté –
Votre angoissante et violente acuité.

Je ne vis plus que pour savoir et pour connaître.

L'homme qui pense est un héros silencieux ;
Si son âme n'est plus ivre du ciel des dieux,
Ses jeux du moins sont fous de certitude.

Oh son travail et sa fiévreuse solitude
Et son avancement minutieux et lent
Et sa patience attentive et féconde !
Depuis un siècle il a dressé le plan
Magnifique du monde ;
Il a scruté la force et défini
Les lois
Qui retiennent, avec des fils subtils,
Tout l'infini, entre leurs doigts ;
Mais nul n'a violé l'énigme encore altière
Que la matière
Retient captive, au tréfonds de sa nuit.

Oh ce secret dans l'abîme englouti,
Il vous attend, pourtant,
Universelle ardeur des cervelles humaines !

Dites, plonger vers lui et désigner la gaine
Qui le comprime en son étau de haine,
Ou bien trouver le mot, si fou soit-il,

Qui guide enfin vers le chemin subtil
D'où tout à coup la vue
S'éclairera d'une lumière imprévue !
Dites, aider – il n'importe comment –
À l'unanime acharnement ;
Avoir la foi têtue, en la recherche inassouvie,
Autour de l'essence même de la vie !

Oh ! ma misère et ma gloire, cerveau,
Palais de ma fierté, cave de ma torture,
Contradictoire amas de problèmes nouveaux,
Qui s'acharnent sur la nature.

Je t'aime en ta détresse autant qu'en ta grandeur.
Que l'heure soit triomphante ou funeste,
Saine de vérité ou malade d'erreur,
Tu restes
Solide et prompt – et conquérant
Ta joie ardente ou ta douleur encor plus forte,
Tu vis comme ont vécu ceux de jadis, les grands,
– Et les autres ? – qu'importe.

Sur les grèves

Sur ces plages de sel amer
Et d'âpre immensité marine,
Je déguste, par les narines,
L'odeur d'iode de la mer.

Quels échanges de forces nues
S'entrecroisent et s'insinuent,
Avec des heurts, avec des bonds,
À cette heure de vie énorme,
Où tout s'étreint et se transforme
Les vents, les dieux, les flots, les monts !

Et c'est fête dans tout mon être ;
L'ardeur de l'univers
Me rajeunit et me pénètre.
Que m'importe d'avoir souffert
D'avoir raclé mon cœur avec la chaîne
– Qui vient et va – de la douleur humaine,
Que m'importe ! – je sens
Mon corps renouvelé vibrer de joie entière
D'être trempé vivant et sain
Dans ce brassin
De formidable et sauvage matière.

Le roc casse le flot, le flot ronge le roc.
Un silence se fait : le choc
Des gros tonnerres d'eau ébranlent les falaises ;
Une île au loin se nourrit de la mer
Et monte d'autant plus que les grèves s'affaissent.
Le sable boit le soleil clair
– Oh revenir aux aurores du monde ! –
Tout se confond, tout se détruit, tout se féconde.
On vit un siècle en un instant.

Et qu'importe ce deuil du temps :
La mort !

Sans elle
Jamais l'éternité n'apparaîtrait nouvelle ;
Homme qui tue et qui engendre
Il faut apprendra
À jouir de la mort.

La mort, la vie et leur ivresse !
Oh toutes les vagues de la mer !
Cercueils fermés, berceaux ouverts,
Gestes d'espoir ou de détresse,
Les membres nus, le torse au clair,
Je m'enfonce soudain, sous vos caresses rudes,
Avec le désir fou
De m'en aller, un jour, jusques au bout,
Là-bas, me fondre en votre multitude !

À ceux qui partent

Tandis qu'au loin, là-bas, des navires s'éclairent,
Toutes leurs voiles battant l'air,
Au ras des vagues, sur la mer,
Comme des aigles d'or passent les vents solaires.

Les flots s'enflent, géants et fous.
Bons matelots, embarquez-vous.

L'aube est fière, l'heure est belle comme la gloire ;
La côte entière est comme un seuil,
Pour les pas larges de l'orgueil
Qui vont rôdant de promontoire en promontoire.

Les flots s'enflent, géants et fous.
Bons matelots, embarquez-vous.

Choisissez bien le port d'où partiront vos rêves ;
Et puis, sans nuls regrets, allez
Vers les foules aux fronts hâlés
Dont les désirs sont droits comme un faisceau de glaives.

Les flots s'enflent, géants et fous.
Bons matelots, embarquez-vous.

Voici la merveilleuse immensité des eaux
Et les grands flots ornés de crêtes
Se soulevant, vers les conquêtes,
Comme des escaliers d'écume et de joyaux.

Les flots s'enflent, géants et fous.
Bons matelots, embarquez-vous.

Les horizons sont pleins de couronnes flottantes,
Quel est le chef, quel est le front,
Où tout à coup se fixeront
Les cercles d'or de leurs lueurs omnipotentes ?

Les flots s'enflent, géants et fous.
Bons matelots, embarquez-vous.

Un soir

Celui qui me lira, dans les siècles, un soir,
Troublant mes vers, sous leur sommeil ou sous leur cendre,
Et ranimant leur sens lointain pour mieux comprendre
Comment ceux d'aujourd'hui s'étaient armés d'espoir,

Qu'il sache, avec quel violent élan, ma joie
S'est, à travers les cris, les révoltes, les pleurs,
Ruée au combat fier et mâle des douleurs,
Pour en tirer l'amour, comme on conquiert sa proie.

J'aime mes yeux fiévreux, ma cervelle, mes nerfs,
Le sang dont vit mon cœur, le cœur dont vit mon torse ;
J'aime l'homme et le monde et j'adore la force
Que donne et prend ma force à l'homme et l'univers.

Car vivre, c'est prendre et donner avec liesse.
Mes pairs, ce sont ceux-là qui s'exaltent autant
Que je me sens moi-même avide et haletant
Devant la vie intense et sa rouge sagesse.

Heures de chute ou de grandeur ! – tout se confond
Et se transforme en ce brasier qu'est l'existence ;
Seul importe que le désir reste en partance,
Jusqu'à la mort, devant l'éveil des horizons.

Celui qui trouve est un cerveau qui communie
Avec la fourmillante et large humanité.
L'esprit plonge et s'enivre en pleine immensité ;
Il faut aimer, pour découvrir avec génie.

Une tendresse énorme emplit l'âpre savoir,
Il exalte la force et la beauté des mondes,
Il devine les liens et les causes profondes ;
Ô vous qui me lirez, dans les siècles, un soir,

Comprenez-vous pourquoi mon vers vous interpelle ?
C'est qu'en vos temps quelqu'un d'ardent aura tiré

Du cœur de la nécessité même, le vrai,
Bloc clair, pour y dresser l'entente universelle.

Triomphante nécessité, reins du monde.

Or aujourd'hui, c'est la réalité
Secrète encor, maie néanmoins enclose
Au cours perpétuel et rythmique des choses,
Qu'on veut, avec ténacité.
Saisir pour ordonner la vie et ta beauté,
Selon les causes.

Le port lointain mais sûr, tout au bout de la mer !

Luttez, arbres ployés, arbres tordus,
Au vent de sang, au vent de gloire,
Avec les fruits de la victoire
À vos sommets pendus.

Sur la mer

Larges voiles au vent, ainsi que des louanges,
La proue ardente et fière et les haubans vermeils,
Le haut navire apparaissait, comme un archange
Vibrant d'ailes qui marcherait, dans le soleil.

La neige et l'or étincelaient sur sa carène ;
Il étonnait le jour naissant, quand il glissait,
Sur le calme de l'eau prismatique et sereine ;
Les mirages, suivant son vol, se déplaçaient.

On ne savait de quelle éclatante Norvège,
Le navire, jadis, avait pris son élan,
Ni depuis quand, pareil aux archanges de neige,
Il étonnait les flots de son miracle blanc.

Mais les marins des mers de cristal et d'étoiles
Contaient son aventure avec de tels serments,
Que nul n'osait nier qu'on n'avait vu ses voiles,
Depuis toujours, joindre la mer aux firmaments.

Sa fuite au loin ou sa présence vagabonde
Hallucinaient les caps et les îles du Nord
Et le futur des temps et le passé du monde
Passaient, devant les yeux, quand on narrait son sort.

Au temps des rocs sacrés et des croyances frustes,
Il avait apporté la légende et les dieux,
Dans les tabliers d'or de ses voiles robustes
Gonflés d'espace immense et de vent radieux.

Les apôtres chrétiens avaient nimbé de gloire
Son voyage soudain, vers le pays du gel,
Quand s'avançait, de promontoire en promontoire,
Leur culte jeune à la conquête des autels.

Les pensées de la Grèce et les ardeurs de Rome
Pour se répandre au cœur des peuples d'Occident

S'étaient mêlés, ainsi que des grappes d'automne,
À son large espalier de cordages ardents.

Et quand sur l'univers plana quatre-vingt-treize
Livide et merveilleux de foudre et de combats,
L'aile rouge des temps frôla d'ombre et de braise
L'orgueil des pavillons et l'audace des mâts.

Ainsi de siècle en siècle, au cours fougueux des figes,
Il emplissait d'espoir les horizons amers,
Changeant ses pavillons, changeant ses équipages,
Mais éternel dans son voyage autour des mers.

Et maintenant sa hantise domine encore,
Comme un faisceau tressé de magiques lueurs,
Les yeux et les esprits qui regardent l'aurore
Pour y chercher le nouveau feu des jours meilleurs.

Il vogue ayant à bord les prémices fragiles
Ce que seront la vie et son éclair, demain,
Ce qu'on a pris non plus au fond des Évangiles,
Mais dans l'instinct mieux défini de l'être humain,

Ce qu'est l'ordre futur et la bonté logique,
Et la nécessité claire, force de tous,
Ce qu'élabore et veut l'humanité tragique
Est oscillant déjà dans l'or de ses remous.

Il passe, en un grand bruit de joie et de louanges,
Frôlant les quais de l'aube ou les môles du soir,
Et pour ses pieds vibrants et lumineux d'archange,
L'immense flux des mers s'érige en reposoir.

Et c'est les mains du vent et les bras des marées
Qui d'eux-mêmes poussent en nos havres de paix
Le colossal navire aux voiles effarées
Qui nous hanta toujours, mais n'aborda jamais.